JN063544

HSPの教科書

HSPさんがママになりまして…。

上戸えりな 著

Clover
クローバー出版

はじめに

あなたがこの本を手に取ってくださっているということは、今現在、育児真っ最中なのでしょうか？　もしくは、お仕事や何かを通して育児に携わっている方もいらっしゃるでしょう。

私は今現在、年齢的にもまだまだ手のかかる二人の子どもの母親をしています。育児というものは本当に休みがありません。正確にお伝えすると、育児というワードで予測されがちな、時間的な拘束や肉体的な体力消耗なども関係してきますが、それ以上に育児とは**「精神的に常に親」**という意味合いを持ち続けるということだと思っています。それゆえ休みがないのです。

自分自身が一人の人間であることと同じくらいの存在感と意味合いで、必ず子どもの存在がついてまわりますし、綺麗ごと抜きに、かわいいだけが育児ではありません。**辛い・苦しい・泣きたい・疲れた・もう嫌だ。**そんな感情に苛まれることだってあります。そしてそのような感情を抱く自分を責めることだってあります。

親とはなんなのか？
我が子にとって自分はちゃんと親らしくできているのか？
何が正しくて何が間違いなのか？
自分自身という人間と親としての自分のバランスが難しい。

表立って声に出さないだけで、そのような思いを抱えながら日々育児をしている方はたくさんいることでしょう。

加えて**私はＨＳＰという気質を持ちながら育児をしています。**気質と向き合うことがどちらかというと得意な私でも、育児は躊躇なく新たな課題をたくさんプレゼントしてくれます。

そして極め付けが、育児とは「正しさの基準」がないことです。育児についてアドバイスをしてくれる人、サポートしてくれる人や育児の本こそたくさんありますが、「この子の親は私だけ」。その重みがあらゆる悩みを作ってしまっているのも事実です。

多様化する価値観のなかで、自分自身を確立するだけでも簡単ではないなか、子どもを育てるということは容易ではありません。

ですから本書は育児でこうしたほうがいい、ああしたほうがいい。そんなことは一つも書いていません。先ほどお伝えしたように、正しさの基準はそれぞれですから私がとやかく言えることではないと思っています。

ただひとつ。**ＨＳＰという気質を持ち親業をしている立場で、お父さんお母さんに寄り添うことはできる**と信じています。

どんな寄り添い方かについては、本書にすべて書き綴らせて頂きました。少しでも力になれたらと心から願っています。読み終わる頃には、育児を通して子どもだけでなく、何よりあなた自身があなたのことを今以上に好きになれるはずです。

あなたの日々に、育児ライフに、少しでもお力になれましたら幸いです。

キャラクター紹介

●せんちゃん（主人公）

ＨＳＰ。基本的には前向きで何事も楽しむ。表情豊かでよく笑う。楽しいことが好き。でもビビりで考えすぎ。繊細さなどＨＳＰの特徴があるにもかかわらず、そんな面を見せないようにしてしまう癖がついてしまい、周りからは「明るく元気で、悩みもないおおざっぱでアバウトな性格」と思われがち。

温厚で全然怒らない。穏やかで優しく、言葉遣いも荒くなく丁寧。基本的にはどんな人とも距離感を上手に保ちながら付き合うことができ、いつも妻の話を嫌がらずに穏やかに聞いてくれる。いつもニコニコ。

もくじ

第3章　育児編

もくじ

第1章

HSPとは？

あなたもＨＳＰさん？

あなたはＨＳＰという言葉を聞いたことがありますか？　なかには初めて知りました、という方もいらっしゃるでしょうか。

ＨＳＰとは正式名称ではなく略語で、本来は**「Highly Sensitive Person（ハイリー・センシティブ・パーソン）」**という言葉を指しています。最近では繊細さんなどと呼ばれる機会が増えたため、ＨＳＰを知っている、または聞いたことがある人のなかには、ＨＳＰイコール繊細というイメージを持たれている方もいることでしょう。

HSPは病気ではなく、気質です。ですから薬を飲めばなおる、とか症状が緩和される、というような類のものではありません。私はよく、その人の一部、そのようにお伝えしています。それほど、その人に溶け込んだものであるということです。

この気質を持つ人にはこのような特徴があります。

＊心の部分

- **いろんなことに気付きやすい**
- **物事を深く捉えたり考えてしまう**
- **些細な変化に敏感**
- **感受性が豊か**

●周りの人の気分や感情に大きく左右される
●五感が鋭い

＊身体の部分

●五感が鋭い
●カフェインなどの刺激に影響されやすい（人によっては慣れてしまっていることもある）
●想像力豊か

このような特徴があります。自身がＨＳＰかどうか、についてチェックリストもぜひ参考にしてみてください。

HSP チェックリスト

HSPチェックリストとして有名なのが、アーロン博士が提唱したこちらのチェックリストです。

次の質問に**感じたまま、はい・いいえのどちらか**を選んでお答えください。

1 自分を取り巻く環境の微妙な変化によく気付くほうだ。 ……… **はい／いいえ**

2 他人の気分に左右される。 ……………………………… **はい／いいえ**

3 痛みにとても敏感である。……………………はい／いいえ

4 忙しい日が続くと、ベッドや暗い部屋など、プライバシーが
得られ刺激から逃れられる場所に引きこもりたくなる。……はい／いいえ

5 カフェインに敏感に反応する。……………………はい／いいえ

6 明るい光や強いにおい、ざらざらした生地、
サイレンの音などに圧倒されやすい。……………………はい／いいえ

7 豊かな想像力を持ち、空想にふけりやすい。……………………はい／いいえ

8 美術や音楽に深く心を動かされる。……………………はい／いいえ

9 とても誠実である。……………………はい／いいえ

10 すぐに驚いてしまう。……………………はい／いいえ

11 短時間にたくさんのことをしなければならない場合、
混乱してしまう。……………………はい／いいえ

12 人が何か不快な思いをしているとき、どうすれば快適になるかすぐ気付く（例えば電灯の明るさを調整したり、席を変えたりするなど）。……はい／いいえ

13 一度にたくさんのことを頼まれると嫌だ。……はい／いいえ

14 ミスをしたり、忘れ物をしないようにいつも心がけている。……はい／いいえ

15 暴力的な映画やテレビ番組は観ないようにしている。……はい／いいえ

16 あまりにもたくさんのことが自分の周りで起こっていると、不快になり神経が高ぶる。……はい／いいえ

17 生活に変化があると混乱する。……はい／いいえ

18 繊細な香りや味、音楽を好む。……はい／いいえ

19 普段の生活で、動揺を避けることに重きを置いている。……はい／いいえ

20 仕事をするとき、競争させられたり、観察されたりしていると、緊張していつも通りの実力を発揮できなくなる。……………はい／いいえ

21 子どもの頃、親や教師は自分のことを「敏感」とか「内気」と思っていた。……………はい／いいえ

＊得点評価

質問のうち、12個以上に「はい」と答えた人は、おそらくHSPでしょう。

（エレイン・N・アーロン著『ひといちばい敏感な子』より）

あなたはいくつ当てはまっていましたか？

HSPを決定付ける四つのこと

なんとなく特徴もわかったし、チェックリストもしてみたけれど、これってどんな人にも当てはまるようなことを指し示しているのでは……と思う方もなかにはいることでしょう。実際、HSPは病院で診断をされて「はい、あなたはHSPです」と判定されて診断書が発行されるものというわけではなく、あくまで気質、その人の一部として指し示されることですから、そのように思ってしまう方がいるのは当然のことかもしれません。

実はそんなHSPの特徴について、HSPの提唱者であるエレイン博士はH

ＳＰを決定付ける四つの面がある、とおっしゃっています。その四つの面というのがこちら。

ＤＯＥＳです。

Ｄ：深く処理する(Depth of Processing)

(!)深い質問をする

(!)あれこれ考えて、なかなか決断できない

(!)物事を深く捉えたり、考えたりしてしまう

自分のなかで**深く落とし込む考え方をする**ので、普段から一つの出来事に対して掘り下げて理解しようとし、内容をより細かく深く知ろうとします。

人によっては、生きるとは？　人生とは？　命とは？　などの深いところに繋げてじっくり考えることもあります。そのように考えることから、今お伝えした類の話を好み、自己啓発やスピリチュアルに興味を持つ方も多いです。

また、**直感が鋭い**一面もあるため、普段は多方面から考えて決断できなくても、直感でコレだと思ったときには即決できる潔さを備え持っている方も多いです。

O：過剰に刺激を受けやすい(being easily Overstimulated)

① 人ごみが苦手
① 暑さ、寒さ、自分に合わない服、チクチクしたりする服が気になりやすい
① 静かな時間や一人時間が必要

! いきなり声をかけられたり、肩をたたかれるなどの不意に起こる状況が苦手

！人に見られたり実力を試されたりする場面では、普段の力を発揮することができない

(!)痛みに敏感

このように、**刺激を敏感に受け取りやすい**特徴もあります。

E：全体的に感情の反応が強く、特に共感力が高い

(being both Emotionally reactive generally and having high Empathy in particular)

(!)物事の一つ一つを深く感じ取る

(!)感受性が強い

(!)周りの人が考えていることがなんとなくわかる

(!)小さなミスや変化にも気付きやすい

(!)学校の友達や、家族、初めて会った人まで、他人のストレスによく気付く

このように過敏に反応し、かつ高い共感力から、自分のことじゃないことに関しても、**まるで自分に起こった出来事のように反応してしまう**、という特徴があります。例えば相手が何かの理由で傷付いていた場合、話を聞いたり相談に乗っているだけで、あたかも自分まで同じ経験をしたり同じ傷を抱えた人かのように相手と同じような感情を感じてしまうこともあるため、ドラマや映画などに感情移入する方もとても多く、フィクションだと割り切って観られないときもあります。

この一面が育児でも大きく影響し、人一倍子どものことで感動して涙を流したり、子どもが傷付いていると自分まで心が苦しくなりすぎて辛いという方もいます。

他にも、暴力シーンやボクシング・格闘技などに恐怖心を感じてしまったり、痛みを予想してしまうことがあるために苦手だったり、共感性羞恥（恥ずかしいシーンなどを観ると、あたかも自分が恥ずかしい思いをしたときと同じ感覚になってしまうことがある）の特徴を持っていたりします。

S：些細な刺激を察知する
(being aware of Subtle Stimuli)

- ⓘ小さな音、かすかなにおいなどの細かいことに気付く
- ⓘ人や場所の外見上の小さな変化に気付く
- ⓘ声のトーン、視線、あざ笑い、あるいはちょっとした励ましにも気付く
- ⓘ相手の表情や声色、目線などの細かな変化に気付ける
- ⓘ音に敏感で、他の人よりも音量がうるさく感じてしまう
- ⓘ相手が何を思っているのかなんとなくわかる

些細なことにすぐ気付ける敏感さが大きな特徴で、大きなストレスを抱えていたり何か悩みがあって落ち込み気味だったりすると、その症状が増してしまう方も少なくありません。

そんなＨＳＰがストレスをためてしまうとどうなるのかを見ていきましょう。育児をしていくうえで、ストレスがたまったときの自分の特徴を知ることで、必要以上にストレスをためずにすむかもしれませんし、自分という人間を冷静に見ることができる判断材料として活用することができます。

五感の鋭さが強まる

ＨＳＰはストレスがたまると、特徴の一つでもある**「五感の鋭さ」が強まる**傾向にあります。ストレスにさらされている状態が長続きする育児においては、この鋭さが増している時間が長くなり、普段から必要以上に刺激過多に感じる人は少なくありません。

聴覚はいつも以上に敏感になります。そのため、家族が観ているテレビの音量や食べているときの咀嚼音、子どもの泣き声や騒ぎ声にも強く反応します。

また、その状態がさらにストレスとなり、イライラが募りやすくなることもあります。

さらに詳しく五感の鋭さについて次の章から説明していきます。

ネガティブ思考になり自己肯定感が下がる

普段から深く考える気質があるＨＳＰは、ストレスがたまっていくことでさらにその特徴が強くなります。そしてそれによって、**考え方の方向が良くない方向に行ったり、後ろ向きな捉え方、悲観的なことへと繋がっていくこともある**のです。

本人としてはそのつもりはないのですが、気付く範囲、考える範囲が広いこと、そして危機管理能力の高さがそうさせてしまいます。

ありとあらゆるパターンで事前に状況を想定するため、自然と「うまくいかなかったら……」「ダメだったら……」と考えてしまい、策を練っておきたい気持ちが強くなり、自然とネガティブな方向への考え方にも予防策をとろうとするのです。

その慎重さと、リスクを考慮したい心構えがあるからこそ、過去にうまくいかなかった経験と、今実際体験していることが似ていると、今度もうまくいかないような気がして、起こる前から自信喪失してしまったり、自己肯定感を下げていくことがあります。

ある程度のところでストップをかけて、深く掘り下げることを中断できたら良いのですが、どうしても本人の意思に反して、思考が無意識に悪い流れに行ってしまいがちなのもHSPの特徴と言えます。

こういったHSPの面を、HSPでない人は理解できなかったり、「考えすぎ」という言葉や「ネガティブ」のような捉え方でひとくくりにすることが多いため、ＨＳＰとしては**自分がダメだと言われているような、否定されているような気持ちになり傷付いたり、へこんだり、ときには自己肯定感を下げてしまう**ことがあります。

言っているほうはそんな深い意味はなく、ただ感想として伝えているだけだったとしても、ＨＳＰにはその言葉は「自分を表す単語」、言わば情報の一つとしてインプットされますから、大げさにも聞こえるかもしれませんが、人格否定されているように思ってしまうときさえあるのです。

人との境界線が引けなくなる

人は人、自分は自分という割り切りができなくなる傾向にあります。人の意見を割り切って受け止めることが苦手なHSPがストレスをためると、さらにこの一面が強くなり、**人の意見に引っ張られすぎたり、自分の意見に自信が持てなくなってしまう**のです。

そのため、人と自分を比べて物事を判断してしまうようになります。◯◯さんはできているのに私なんて……、とか、周りの人のようにうまく立ち回れない、と自分の欠点ばかりを見つめてしまい、自信喪失してしまったり。反対に、誰かと比べることで自分の価値や自信を付けてしまう場合もあります。

またこの一面は自分のことだけではなく、自分以外の**子どもに関することについても同様**のことが言えます。自分の子と他の子を比べてしまうことが増えたり、親としてきちんとできているのかと自信を失ったりと、肯定的に物事を見ることも難しくなるのです。

自分のなかではそんなつもりはないし、そのようにしたくないと感じていたとしても、子どもを通して自分自身を見つめる機会も増えますから、自分以外の存在、この場合、子どもに関することでも、同じような心の動きが生まれてしまうのはやむを得ないとも言えるでしょう。

第2章

妊娠～出産編

妊娠に気付くのが早い

HSPの気質を持っていて、かつ妊娠経験のある五十名の方を対象に調査をしてみたところ、95%の方が**「妊娠に気付くのに早いと自覚している」**という結果に至りました。

（HSPに関する書籍やブログなどが多く出ているなか、この類の話はされることがなかったため、二〇一八年に私自身が個人的にリサーチした結果です）。

調査の結果ではこのような意見が出ました。

- **妊娠検査薬を試す前から確信があった**
- **生理予定日の数日前から、つわりの症状が現れ始めていた**
- **フライング検査で検査薬を使おうと思った**
- **超初期症状で気付けた**
- **受精直後から直感で妊娠に気付いた**

❗ 一般的に気付くと言われている時期よりは早い段階で気付けたと思う

私自身も、生理の状態が月によって様々で、かつ生理周期にもばらつきがありましたが、妊娠した際には身体の変化に早い段階で気付きました。とはいえ、第二子を妊娠したときには、既に第一子を育児している日々の慌ただしさや余裕のなさのなかであったので、第一子に比べると気付きが遅かったように思えます（しかしながら一般的に気付く時期とされている頃に比べると断然早く気付けています）。

もちろんこの調査の結果すべてが正しいわけではなく、個人差が必ずありますから、ひとくくりにできるものではありませんが、少なからず気付くタイミングは早い傾向にあるように見受けられます。

コラム 妊娠と性別

実は今、この本を執筆中、三人目を授かっている私。

三人共、妊娠に気付くのはとても早く、すべて生理前から生理予定日には確信していました。

三人目においては妊娠発覚まで体調の変化も特になく、普段通りの私でしたが、これぱかりは「直感」としか言いようがないほど、何かを感じたのを覚えています。

実は我が子たちの性別は全員男。二人目のときは、つわりの症状が上の子と違うので、もしやこれは女の子……!? とも思ったのですが、見事に外れ。三人目も上二人とは違う症状だったので、次こそは！ なんて思うも見事に外れてしまいました。だからといって生まれたら性別なんてどうでもよくなるのが事実。

妊娠に関しては鋭くても、性別までは神のみぞ知る、のかもしれませんね。

用意周到

6月
12月
出産予定日は
○月○日かぁ…
よしっ!
それまでに
準備するものは
なにかな～♥
ベビー用品
完全ガイド
出産準備や産後の
アイテムってこんなに
あるの?!
MILK
えっ?! それぞれ
どれがいいんだろう
あ～!!
ぐったり
やることが
多すぎる…
どうしよう

ＨＳＰは危機管理能力が高い一面を備えています。
まだ何も起こっていないときから、こうなったらどうしよう？　こうしたらいいかな？　と考え、まだ見ぬ未来を予測して先読みをし、Ａプラン、Ｂプラン、なんなら人によってはＥ、Ｆプランまで考え、ありとあらゆる状況に対処できるような心持ちでいようとします。起こってもいないのに、今のうちから対応できるようにしておきたいと思ってしまうのです。

これはＨＳＰ特有の深く捉えてしまう一面と、危機管理能力の高さが相まって起こります。加えて真面目なＨＳＰですから、おなかのなかにいる小さな命を大切にしたいという思いが強く表れることや、責任感も増すことから、**「母親ならきちんとしなければ」**という気持ちが人一倍増幅していくのです。

早い段階から必要なものをそろえておかないと安心できないと感じて、何事も早め早めに動かないと落ち着かなかったり、このアイテム（哺乳瓶、ミルクの銘柄、ベビー服など）には、どのブランドのものが良いのか？　と事細かにリサーチしてみたりします。

出産時の呼吸法も早いうちから知っておこう！　あ、そうそう。可能な限りたくさん調べて何かあっても問題ないように準備しておかなくっちゃ、でもあれもまだだし、これもしなきゃ……と、とにかくありとあらゆる準備を前もって行う傾向にあります。

加えて、**ＨＳＰは新しいことや不慣れなことへの抵抗感が強い**傾向にあります。もちろんどんな人でもそのような状況下は苦手意識を感じるものですが、ＨＳＰは特に拒否反応を起こしてしまいます。敏感に状況を受け止め、すごく怖いもの、すごく嫌なものとして受け取りがちです。

ただでさえ日常を送るだけでも、刺激過多により疲れることがたくさんあるなかで、ＨＳＰは表には出さないように周りにも気遣いながら日々を過ごしています。そのうえ情報過多も重なり、心のなかは常に葛藤したり考えすぎたりと、忙しい状態です。ですから、そんな**ＨＳＰにとって新しいことや不慣れなことが満載な育児に取り組むということは、容量オーバーギリギリ、すべてが限界寸前、の状態**ということなのです。

子どもがいる生活というのは、驚くほど自由もないですし、制限されることが多いものです。加えて自分のタイミングで動くことができないときもたくさん訪れます。だからこそ事前準備をできるだけ的確かつ抜けがないようにと用意するのはいいのですが、先のことばかり考えて頭がいっぱいになり、それが不安感を煽る原因になってしまっては元も子もありません。

「今を大切にできない状態」が作られてしまうと、結果的にその状況というのはあなた自身を余計に苦しめ、ストレスをためてしまうことに繋がりやすくなりますから、ときにはふと手と心を休めて、今この瞬間を味わい、楽しむように意識することも大切です。

コラム 私を悩ませた育児グッズ

それは忘れもしない第一子妊娠中の頃。初の妊婦生活のつわりも落ち着き、ベビーグッズを用意することを楽しみにしていた私。

まだ見ぬ我が子に日に日に増していく愛情と喜びを胸に、某育児雑誌を手に取ったのですが、そこには見たこともない暗号のように並ぶベビーグッズブランドのネーミングの数々！

そして肌着や哺乳瓶、ベビーカーに抱っこ紐、おむつにチャイルドシート。ありとあらゆるアイテムの種類の多さ！……これはなんだ？　種類が多すぎて何がなんだか、と追い打ちをかけられるような気持ちになったことを今でも覚えています。

それが今となっては、すべてインプットできているのですから……母ってすごいですよね。というより、自然と覚えてしまう。母にさせてもらっている……そんなことを感じている毎日です。

時間軸の割り切りが下手

用意周到で先のことばかり考えてしまいがちなＨＳＰですが、過去に戻るのもとても上手です。**過去・現在・未来の割り切りがあまり上手ではない**ため、感覚が「今」にフォーカスしきれず、先のことばかりを考えて焦ってしまったり、過去を見すぎてしまい今起こっていることすら過去の状態になるような気がして、感情自体、過去に引っ張られてしまうことが頻繁にあります。

このようなことはＨＳＰでない人にも起こりうることですが、この気質にとっては人一倍起こりやすいことと言えます。

例えば、過去にあった出来事で今と似ていることが起こると、当時と同じような心情に戻ることができます。当時感じた感覚を心の揺れ動きだけでなく、人によってはにおい、感触までも鮮明に思い出すことができるのです。

それは言い方を変えれば、今起こる出来事に関しても、過去の経験からの情報をフル回転して対応しようとする姿勢が強いという一面でもあります。

ですから、経験したことのない育児に対してのHSPの心の状態というのは、もう言うまでもないでしょう。新しいことや不慣れなことへの不安感は人一倍のなか、育児は自分の都合や感覚だけで行えるものではないので、常に新鮮そのものです。過去にも戻れず、未来も予測不明で「今」を見つめざるを得ない状況。今を見つめることが苦手なHSPにとっては、この状況はかなり苦しいものです。刺激が多すぎて、身動きが取りにくく、心のよりどころを持つことができないのですから。

常に過去の感情と、未来を良くするには？　の二極の時間軸を行き来してきたＨＳＰは、今にフォーカスするのが得意ではないため、パニックになりやすく、冷静さにかける行動をしてしまうことがあります。

＊こんな経験、ありませんか？

●子どもが熱を出している。対応策はわかっているものの、目の前で苦しんでいる子どもを見ると、どうしたら良いのか冷静になれない。

●子どもが新しい環境に入った。どうにかしてあげたいが、できることは限られているという状態がとても苦しい。何より子どもの感情が自分にも流れてくるので、いてもたってもいられず、しんどい。

●ごはんを食べてくれない。離乳食のペースが他の子と違って遅いため、どうにか次のステップにいってほしいのになかなか進まず、親としてどうしたら良いのか考えすぎてしまう。

●トイレトレーニングが進まない。自分の子だけ遅いように見える……。親としてどうサポートしたらいいのか？ 頭では、この子にはこの子のペースがあるとはわかっていても、やっぱり不安がぬぐえない。

今お伝えしたこととは、今この瞬間を味わうより、より早い解決を求めている心の状態を表したものです。一見ＨＳＰとは無関係にも見えますし、どんな親御さんでも考えるような事柄にも見えるでしょう。

実際、どんな人にも起こりうることなのですが、ＨＳＰは感受性の豊かさと相まって、このような感情を持つ頻度が高く、より深く掘り下げて捉える傾向にあります。

焦っている、というのは、「今」を見ていないということと同じ意味合いです。今この状態をどうすべきか？　を考えすぎている（未来を見ている）状態であり、過去に似たようなことで解決できた方法を常に模索している状態とも言えます。

最終的にこの状態が長続きすると、**自分軸のブレにも繋がり、自信が持てなくなったり自分を責めてしまったりと、自分の価値観に自信が持てなくなる状**態を自らがつくってしまうのです。

とはいえ、常に「今」を見る余裕がないのが育児とも言えます。完璧に「今」を見られたらどんなにいいか、そう感じる人のほうが圧倒的に多いでしょう。器用に立ち回ることなんてできないのが現実だったりしますし、自分のことを冷静に見られる時間なんて、日常のなかではないに等しい。ゆっくりできる時間には寝落ちしてしまうか、たまった家事を片付ける時間として確保しなければならなかったりします。

ただ頭のすみっこに、「今を意識することで気付くことは増える」ことを知っておくだけで自然と考え癖も変えられます。

焦らず、「今」この気付きを得たことにフォーカスしておくことが大切と言えるでしょう。

感情がまるでジェットコースター

０か１００かの極論思考という気質の特徴と、些細なことにも気付ける面も相まって、**好調なときは「絶好調！　なんでもできそう」と感じるものの、調子が悪くなると「もうだめかもしれない」と極端に落ち込んでしまう**ことがあります。

先ほどお伝えした、感情のタイムスリップが上手な面も兼ね備えているため、全然平常心だったのに、今現在起こっていることが過去に体感した嫌な結果の原因と似ていると、即座に過去の感情が今の感情にすり替わり、今現在起こってもいないにもかかわらず、感情が一気にそのときの自分に戻ってしまう、なんてことは日常茶飯事です。

ですからはたから見ると、さっきまで笑っていたのにどうしたの？　と疑問を持たれてしまうことや、自分自身でも感情の行き場を失い、どうしていいかわからなくなってしまう、なんてことが起こります。

自分自身の無自覚なところで起こりやすいことでもあるため、なかなかコントロールが上手にできず、感情の行き場（イライラや悲しさ）を子どもやパートナーに向けてしまい、その行為をさらに自分で責めてしまうという悪循環にも陥りやすいと言えます。

マタニティブルーになりやすい

ＨＳＰさんはホルモンによる刺激を受けやすいため、**妊娠で起こるホルモンバランスの乱れで、人一倍情緒不安定になりやすく、感情がより忙しくなるこ**とがあります。

普段なら気にしないようなことを、さらに掘り下げて捉えやすくなってしまったり、人から言われた言葉に一喜一憂しがちだったり。はたまた、すぐにカッとしやすくなって、怒りをコントロールできない方もいらっしゃいます。

よく妊婦さんは妊娠による影響からデリケートになりやすい、とは言われていますが、ＨＳＰさんに関してはよりその傾向が表れやすいようです。食べ物やカフェインなど、妊婦さんにはよくないと言われているものにも敏感になってしまい、日々の生活へのストレスを生んでしまいます。それが結果的に「自分は妊娠中からお母さんとしてちゃんとできているのか……」という自責の念を強めてしまう方が多い理由です。

また一方で、生理痛が重い方や生理前の情緒の乱れが激しいと認識している人も多く、妊娠前から生理に振り回されている方が少なくありません。

危機回避能力が高いことから、まだ経験のしたことのない出産や、不慣れな子育て、出産を通して起こる大きな環境の変化など、その人にとっては未知の世界とも言える環境へと向かう状態であればあるほど、リスクが高く恐ろしいところだと捉えてしまうのです。

コラム　癒しの場でコントロール

実は昔から百円ショップが大好きな私。百円ショップと言えども、色々なメーカーがありますが、それらの特徴や商品を見るだけでもとても楽しめるんです。

あるとき、買い足さなければならない日用品を購入するため、百円ショップに行ったとき。あることでイライラしていたのですが、ここは大好きな百円ショップ！　商品や新作を見つけるだけで心が躍り、あんなにイライラしていたはずが、気付けば帰りには鼻歌を歌うほどの上機嫌っぷり。

さらには、お店を出たあとにその日に撮った我が子たちの画像を見て「は～かわいいなぁ」とニヤニヤとさらにご機嫌発揮。単純というか忙しいというか、なんというか……。

我が子以上にもしかしたら私のほうが子どもなのかもしれないです。

出産の痛み

おなか痛いなぁ〜
腰も痛いし…でも
我慢できそう
イテテ…
前駆陣痛かな？
あれ？また
お腹痛い…
念のため産婦人科
に聞いてみようかな
イテテ
あーん
時間間隔は
どのくらいですか？
えーと
そういえば
5分間隔
かも…
5分?!早く来なさい!!
移動中に産みたいの?!
無事出産
オギャー
オギャー
痛いけどどうにか
耐えられた…

出産と一言で言っても、分娩方法は様々です。

自然分娩、帝王切開、無痛分娩などなどありますが、そのなかで陣痛や出産時の痛みと気質の関連性について調べてみたところ、結果として**HSPは痛みに対して我慢強い傾向にある**、ということがわかりました（もちろん、痛みへの感受性は人それぞれであるため、確証的ではないのですが）。

加えて面白いことに、初産である・なしにかかわらず、HSPの危機管理能力の高さが、本人も意識していないところで発揮され、痛みが上回っていた場合、HSPは痛みにより強く、辛抱強い傾向があったのです。

- **あまり声を出さずに、声をこらえて出産ができた**
- **我慢強いと看護師さんにほめられた**
- **痛いことは痛いが、陣痛も思っていた以上に耐えられた**

このような感想を持っている方が比較的多く見受けられました。

なかには、普通分娩は痛みの予測はできないものの、「帝王切開ならおなかを切ったのだからこれくらいの痛みは当たり前だ」という理由から、痛みを受け入れることができたという方もいたのです。

疲れに鈍感

本当は疲れている。本当はもうきつい。本当は嫌だと感じている。そんな状態になっても、**休みを取ることよりも「なんでもっと頑張れないのだろう」「自分ってだめだ」「これくらいで休みたいと感じるなんて、私なんてまだまだだ」というような思いが先行してしまい**、休みを取ることがなかなかできないと感じているＨＳＰの方は多いです。

育児中は自分の疲れ具合に反して、育児にまつわる様々なことが起きるため、疲れていることにすら気付かず常に慢性疲労だという方もいるでしょう。

実は疲れやすさというのは個人差があり、人それぞれ違いがあるものです。しかしながらどうしても「親業」は、そんな個人差を度外視して見られがちで、不思議と個人の事情を挟めないものです。

だからこそ、日々の生活ですら刺激過多となりやすいＨＳＰが、その周りの人が気付かないことでも気付いてしまうアンテナの感度や、気質ゆえの感受性の高さから、疲労度が常にハイレベルということはよくあることです。

もう頑張れないときというのは、もう頑張れないと気付くというよりも、不眠や疲労感、イライラなどの情緒不安定、焦りやホルモンバランスの崩れとして体に現れます。

疲れを取る方法は人それぞれ様々ですが、**自分で自分が疲れているということに「気付く」ことは非常に大切です。**それを認めてしまうと、これ以上頑張れない気がして怖い、と思うこともあるかもしれません。ですが「怖い」ということはそれほど自分に無理をさせていたからではないでしょうか。

疲れを認めることは決して怖いことではなく、むしろ一旦自分の気持ちに素直になることで、結果として自分に合った休息の取り方や、自分がどれほどの状態になると辛さが増すのか、どんなことが続くと疲れを感じるのか、に気付くことができる、とても大切な機会です。

人それぞれ好きな方法、あなたがいる環境のなかで行いやすいことが必ずあると思いますので、疲れを認めたうえで、自身に合った方法を試してみてください。

相手の心が見えてしんどい

相手の細かな変化や些細な態度に敏感なＨＳＰは、それらに反応してしまう自分を、ときに嫌になってしまうことがあります。気付きたくないのに気付いてしまうというのは結構大変です。

気付かないでいるほうが楽だった、知らないほうが幸せだったと感じるような出来事もありますから、気付けるという面が嫌になってしまうときがあるのは当然と言えば当然かもしれません。

相手の不誠実な態度、建前や嘘、自分のなかであまり好きになれない一面などに気付くということは、知ってしまうことで苦しさを感じてしまうときもあります。かと言って気付かないフリをしていても、本当は気付いていますから、自分のなかで見ないフリをするほうがかえってきつく感じることでしょう。

普段から必要以上に相手が何を考えているのか気付けるがゆえに、人の綺麗とは言えない面を見ることや、人間関係の汚い部分に嫌気が差し、人間関係自体を面倒に感じたり、ときにはシャットダウンしたくなってしまうこともあります。

ですが、それは見方を変えると、**相手が喜び、嬉しいと感じるツボを押さえることができる素晴らしい一面**でもあります。

仮に、相手の汚い面や嫌な部分、違う一面を見たとしても、相手の心のなかは相手にしかわからないものです。もしかしたら相手は具合が悪いだけなのかもしれないし、あなたが知らないところで誰かともめていたり、ストレスをためた生活を送っているのかもしれません。あなたが想像できないような、その人自身が乗り越えなければならない何かしらの問題があったり、悩みを抱えているのかもしれませんし、嫌なことがあったあとに、あなたと接しているだけかもしれません。

気付いてしまう自分の一面を否定するのではなく、**気付いてしまう自分は変えられないからこそ、良さはしっかり受け止め、「人は人、自分は自分なんだ」と意識すること**で軽減される負担は必ずあります。

それは結果として、相手軸と自分軸を切り離して客観的に見るということにも繋がりますし、相手に影響されやすい気質の面から、自分軸を保つ術としても非常に有効な手段です。

母性神話の怖さ

子どもは母乳育児がいいのよ!!
義母
3歳までは自分でみたほうがいいんじゃない?
叔母
兄弟は多いほうがいいよ
母親が仕事する必要あるの?
iPadやタブレットで子守りはダメよ
昔はこれぐらいでヘコたれないわよ
私ってどんな子育てをしたかったんだろう

HSPに対して、母性神話は非常に悪影響を与えやすいものです。子どもには○○させたほうが良い、親というのは○○であるべき、という考え方は、特にHSPにとってあまり良い方向に繋がりません。

子どもは母乳で育てたほうが良い、三歳までは母親のもとで育てたほうが良い、といったよく聞くようなものから、姑や実母、周りからのこうしたほうが良いだの、ああすべきだなどの、育児先輩論のような内容に翻弄されてしまい、ただでさえ子育てで大変なのに、身も心もボロボロに疲れ果ててしまった方もいるでしょう。

自分なりに一生懸命やっている。でも本当にこれで良いのか自信がない……。これで良いのだろうか。自分は母親になって良かったのか……。親としてそう感じてしまうのはHSPに限ったことではありませんが、気質上の影響を受けて、HSPはそうでない人以上に考えやすく、産後うつにもなりやすい傾向にあります。

また真面目なＨＳＰらしく、気になることはネットで検索するにとどまらず、ありとあらゆる方面から情報を収集し、何がベストかを追究してしまう面があるため、余計に情報に翻弄されてしまうのです。

コラム　不安しかなかった妊娠期

実は二人目妊娠中の頃の私は、全く妊娠期間を楽しむことができませんでした。

私はひとりっ子なのですが、二人目を妊娠してからというもの（今思えば確実にホルモンの影響を受けていたと感じるのですが）、きょうだいがいない私に複数育児ができるのか？　という漠然とした不安に加え、上の子のトイレトレーニングや、上の子の保育園探しなど、様々なことに頭を悩ませていたのです。

またいつまでもおなかの子の逆子が戻らないことや、腰痛に股関節痛。頻繁に起こる前駆陣痛や体調が思わしくないことも相まって、苦しさしかなかったのを覚えています。

今思えば、必要以上に不安になることもなかったのかもしれませんが、当時は本当に必死で……。その経験から、あえてすべてホルモンのせいにして、私のせいじゃないんだと割り切ってみるのも手なのかな？と学び、第三子妊娠中の今、その学びを活かし、生活をとても楽しめています。

第3章

育児編

毎日が刺激過多

ＨＳＰという気質を持ちながらの育児は、何度も言いますが刺激過多な日々の連続です。この気質を持つ自分と向き合いながら、子育てもしなければいけないため、刺激過多で本当に辛く感じることもあります。育児に対しても自分の価値観に対しても、正解がないからこそ、自分を責めてしまうことだってあるでしょう。

それでも気質の特徴を見つめることで、育児ストレスを軽減できたり、自分とうまく付き合うコツを見つけられます。自分の気質の延長に起こる育児での出来事を知り、子育てがさらに自分らしさへと繋がる機会になるかもしれません。

コラム　痛みより予測できなかったこと。

過去二度、出産をしている私ですが、今でも思い出すのが二人目出産時のこと。なかなか産まれず促進剤を打ち、本当に産まれるまであとほんの少し！　というとき。

分娩室ではオルゴールミュージックがＢＧＭで流れていたのですが、そのタイミングで夫の好きな曲が流れました。すると夫は私の手を握りしめ、出産のいきみ逃しを手伝っていたはずが、な、なんと！　その曲に合わせてにこやかな表情で指でトントンとリズムをとり始めたんです……！

夫に殺意が芽生えた瞬間でした（笑）。
命がけで産んでいる私はそんな夫に「何やってるんだばかー!!　呼吸のリズムが狂うからやめて！」と鬼の形相。それを見て助産師さん大爆笑。無事産まれたのですが、なんか違う意味ですっごく疲れました……。

出産エピソードって人それぞれ色々ありますが、今でもその曲が流れたときには、当時の夫を思い出してイライラします。

子どもの声がストレスになってしまう

ＨＳＰは五感が鋭いという特徴があります。とはいえ、鋭さは人によって様々で、聴覚が鋭い人もいれば味覚が鋭い人、全体的に敏感だけれど、特別聴覚が鋭くなりがち、なんて方もいらっしゃいます。ですからＨＳＰという気質を備えているからといって、みんながみんな同じような現れ方をするわけではありません。

この気質の特徴は「ストレスがたまっている」、「疲れや睡眠不足などで自律神経が乱れている」という状態になってしまっているときに、さらに強まる傾向にあります。

そのため

❗子どもの声がやたらうるさく感じてしまう

(!) 子どもの泣き声を聞くともう耐えられない

(!) 周りの音が気になってしまい、気が散りやすい

このように感じることはこの気質の方には非常に多いのです。

また、典型的なHSPは真面目で完璧主義になりがちなので、そのような思いをしている自分を自分で責めてしまい、母親として自分はダメなのではないか……、またイライラしてしまっている自分って最低だ、などと、自己肯定感をどんどん下げてしまいやすい傾向にあります。

五感の鋭さは他のことにも影響を与えやすく、

(!) 乗り物酔いがひどい

！他の人の柔軟剤のにおいで気分が悪くなってしまう

！においが辛すぎてつわりが本当にしんどい

！小さなゴミまで視界に入り、家のなかが散らかっているように感じる

このような出来事も五感の鋭さが大きく関係しているゆえです。

他にも、素材が好みでない服は身に着けるだけでストレスを感じてしまうこともあり、身に着ける生地の素材はとても重視しています、という方や、綿素材のもの以外は受け付けません、という方もいたりと、五感の鋭さが日々の生活に与える影響力の大きさは計り知れません。

加えて感覚的な部分なので人に理解してもらいにくく、このような特徴があることで他人からは神経質な人と思われてしまうことがあります。

本人のなかで当たり前と思っている感覚を、人からそのように見られてしまうということは、繊細な一面があるＨＳＰにとって傷付きやすく、結果として、それが自己肯定感を下げる材料ともなります。そして、自身の感覚に対する自信のなさへと繋がります。

ですが、それは捉え方次第でプラスな面として受け取ることができる特徴です。敏感さゆえに、おいしい食べ物に出会ったときには人一倍うまみを感じることができますし、子どものトイレ事情もにおいですぐ気付くことができます。また子どもの発熱などの体調の変化にも、五感を通して早めに気付くことができるのです。**五感の鋭さは何も悪いことばかりではありません。その気質が活かされることはたくさんあるのです。**

今日は肉じゃがね
くんくん

あっこのニオイは…

ほぅ
あのときの香り…幸せ気分♪

人ごみが苦手

子どもがいるということは、必然的に「親としての立場」でもコミュニティの場が増えるということです。病院関係に学校関係、習い事。子どものお友達関係などの人付き合いに加え、動物園や催事場、子どもがいなければ足を運ぶことはなかったような場所にも行く機会が出てきます。

先ほど、「五感が鋭い」の項目でもお伝えしたように、五感の鋭さは日々に影響力を与えますし、すべてを情報として受け取ってしまうHSPにとって、**たくさんの人がいるような場所はエネルギーを消耗しやすく、そして疲れやすくなりがちです。**

とはいえ、親として子育てをしていくうえで、刺激過多な状況を嫌でも乗り越えなければならない場面も多く存在します。

「人ごみは苦手だけど、なんとか乗り切れます」とか、「初対面の人とも話せるし、人見知りせず過ごせるので、そこまで問題ないですよ」という人、「表向きはそつなくこなせています」なんて人もいるでしょうが、それでも、一人になったときやリラックスした状態になると、すごくグッタリした、疲れてしまった、と感じる方は非常に多くいらっしゃいます。

コラム 集まりという名の気疲れ戦場

県民性なのか、私が生まれ育った沖縄県は（身内の人数もさることながら）大人数で集まる機会がとても多い県。お盆にお正月、結婚式や飲み会、バーベキューなどなど。陽気な人も多く横の繋がりも非常に大事にするので、大人数で集まる機会は切っても切り離せないのですが、これが私には気疲れマックス。刺激過多のオンパレード。

たくさんの人数がいることで起こるパーソナルスペースの狭さに加え、グラスが足りない、料理が行き届いてないなど、アンテナが自然と立ちっぱなし。その場を楽しんだつもりが帰宅後は疲労困憊になってしまいます。

楽しい場でも疲れてしまうし、人が多ければ多いほど疲労感も募る。自分の気質だから仕方ないと割り切り、毎回、対処しながら楽しむスタイルに切り替えよう！　と常々思いつつもまた疲れる……を繰り返している私です。

気遣い抜群 でも人一倍人疲れしやすいHSP

HSPはとにかく気遣いが上手です。相手を喜ばせることに喜びを感じやすいHSPゆえに、自然と相手のために何かをしたいという気持ちを抱きます。相手のことを考え、行動することに喜びや感動を見出すので、相手が自分の行為がきっかけで笑顔になったり、楽しんでもらえると、まるで自分のことのように気持ちが高揚し、とてもハッピーな気分になれるのです。

そのため計画を立てて相手のために何かをすることを好む人はHSPに多く、子どもの誕生日やイベントごと、大切な人の大切な日に色々としてあげることを、自ら楽しんで行う人もいるでしょう。

ですが、その特徴ゆえに相手の感情を察知したときに（周りは違うと感じていても）、自分から見て相手が不機嫌に見えたり、あまり良い気分には到底見えない、または落ち込んでいるように見えると、自分が原因でそうなっているのかもしれない、と考えてしまうことがあります。

これは、自分が原因となってしまうことを未然に防ぎたい、自分が原因である状況を見て、自分まで傷付いてしまうのを避けたい、というような、言わば防衛反応としてそうなってしまう場合もあれば、自分のせいにすることで感情の落とし込みのゴールをつくると、物事の着地点ができて楽だから。という理由が隠れている場合もあります。

家族などの身近な特定の人だけでなく、仕事場、子ども関連のママ友とのお付き合い、友人関係、とにかくすべての人間関係において気遣いをしますから、その状態が長く続くと気疲れに繋がってしまい、一人になったときにぐったりしてしまう、ときに身体への症状（倦怠感や眠気など）が出ることで、動けなくなってしまう、甘える場所や頼る場所がないと感じてしまい、さらに気遣いをしてしまうことがあります。

コラム お願いだからそっとしておいて……

私が住んでいる沖縄県は、とても親族との繋がりが強い傾向にあります。そのため、物理的な距離感だけでなく、心理的な距離感も比較的近く、お盆やお正月も人がたくさん集まったり、一歳のお祝いのときにはたくさんの人を招いて、お祝いをしたりする風習もあります。

特に子どもが生まれたあとの周りのお祝いムードは本当に凄まじいもので、悪気は全くなく、産後すぐにお祝いしてあげることが礼儀だと感じる人も多いのです。一人目の出産後の私の病室には来客の嵐。産後休む間もなく始まる授乳と、睡眠不足でへとへと……にもかかわらず、来客対応に追われていました。

加えてこの気質。無理して元気なフリをしたり来客者にも気を遣い、身も心もボロボロ。今思い返すと、産後うつの発端はこれだったと確信しています。産後は何より、自分のケアを第一に考えるべきと心から思いました。

人の意見を割り切って受け止めることが苦手

ねぇ…次男くん食が細くない？
〇〇さんとこの子はよく食べるらしいよ
もっと食についてきちんとしたらどう？
もう食べないので
ヤーヤー
きちんとって言われても…！
ほら!!子どもそれぞれ個人差あるし成長曲線で育っているから大丈夫だよ〜〜
うーん…にしてもやっぱりあんたがもっと頑張ったほうが良いと思うけど
ねー
キャッ
キャッキャ
そういえば長男くんのトイレは順調なので
ブツ
ブツブツ
ブツ
ブツ
あれはお母さんの意見!! 大丈夫私はできている—…

ＨＳＰにとって、特に信頼している人や近しい人からの意見は聞き流せない傾向にあります。

育児は初めてのことの連続です。自分だけでは対応しきれないこともあるため、パートナーや身近な親きょうだい、もしくは信頼している人に相談することはよくあるでしょう。また、このご時世ですからＳＮＳなどでも育児情報をたくさん見つけることができます。それらを参考にする人も非常に増えています。

そんななか、今お伝えしたような身近な人や信頼している人に相談をしたり意見を求めた際に、仮に自分と相手の意見は違ったとしても、◯◯さんが言うならそうなのかな……と相手の意見に翻弄されてしまうことがＨＳＰにはよくあります。また、ＳＮＳなどでフォロワー数の多い方の意見や支持されている人（芸能人や著名人の意見）＝正しい、間違いない意見のように感じてしまうこともあります。

それは気質の特徴とも言える、相手との境界線を引くのが苦手と感じやすい一面が影響しているのですが、それにより、○○の意見もあるし△△という考え方もある、他にも××や□□もあるし……と、それぞれの意見の良し悪しを聞きすぎてしまうことで、「自分はどうしたいのか？」「子どもにとって何がベストなのか？」と考えすぎてしまい、結果どうしたら良いのかわからなくなってしまうこともあります。

いわゆる「正しさの基準」を自分主体で考えるのではなく、周りの価値観とすり合わせて考えてしまい、自分の正しさや価値基準を見失ってしまうのです。

相手の意見を聞くことは、一見良いようにも見えますが、それによって自分の本当の心の声がわからなくなってしまうのはもったいないことです。

何が正解で何が正しいかもわからないということは、見方を変えると、どれも間違いとも言えるし、正しいとも言えるということです。

育児をしていると、自分の育て方が間違っているのではないか……と思うこともあれば、あんな風に言わなければよかった、こんな態度を取るべきではなかった……と、自分への戒めや反省を感じることもあります。

また子どもの性格もそれぞれですから、同じ親から産まれたのにこうも違うのか、ときょうだいでも大きな違いを感じることもあれば、自分とはまるで違う価値観を持っている我が子の心の動きに戸惑い、相容れない状態になってしまう人もいるでしょう。

自分の意見がなかなかまとまらないと感じたり、迷走してしまい判断しかねるときには、気質からの影響も少なからずあると認識するだけで心の負担を軽減することができます。

優先順位を決めて乗り切ろう

自分のなかでの正しさや、決断基準がぶれているときというのは、その人のなかで物事への優先順位がうまく作れず、自分を見失ってしまっている状態です。

人の影響を受けやすく、自分と人との間に線を引くことがあまり得意でないHSPは、本当は自分のなかで決まっているものがあっても、○○より△△が良いと相手から（場合によっては言葉巧みに）言われると、「そうかもしれない」と**意見が変わり自分のなかでもともと重きを置いていたものが、簡単に変**

化してしまうことがあります。

それは何も、自分の意思がないからというわけではなく、気質上、普段からあれもこれもと頑張りやすい面があるがゆえに、力の抜き方がわからず、すべてに全力投球してしまう傾向から、何を優先に考えたら良いのか？　何から取り組むべきか？　何が自分にとってベストなのか？　考えすぎてわからなくなってしまい、周囲からの声が非常に大きく影響してしまうのです。

そんなＨＳＰだからこそ**本当に自分が大切にしたいことは何か？　ということを常に意識することは非常に大切**なことです。

人に言われたから思うのか、あるいは自分の本音なのか。「どっちが発生源でそうなっているのか（そう思っているのか）？」を見極めるのです。そしてその見極めをしつつ「自分が大切にしたいものの優先順位」を決める必要があります。

子どもにとってのベストなのか？　自分にとってのベストなのか？　どちらを優先すべきなのか？　そもそも何が良くて何が悪いかすらもよくわからない、そう思うときもあると思います。自分のことの決断のほうがまだ簡単……。子どもが関わると、決断するにも気持ち一つで安易に動けないことでしょう。

私自身も同じように子育てをしている立場ですが、私自身、専門家でもなければ何十年も子育てしてきたワケでもありませんから、何が正解か、なんて決定打を下す立場でもないし、そもそもそれを決めるものでもないと感じています。

ただひとつ。この気質を持ちながら子育てをしていくなかで強く確信していることは、自分自身に問いかけ、見つめなおすという作業を定期的に行い、自分の優先順位を明確にすることを心がけること。そして、それは自分を知ることに繋がり、結果的に客観視しやすい状態を作ることになります。自分を客観視できるような状態は、さらに自身の感情と冷静に向き合う余裕を作り出すことに繋がるのです。

どうにかなる大丈夫

色々ＨＳＰの説明をしてきましたが、この気質は、「自分と向き合う」ことを真剣に捉えすぎて、余計迷走してしまうことがあります。大切なことだからこそ、真剣になりすぎてしまうのです。

そんなときに**大切なのが「どうにかなる。大丈夫」という気持ちで物事を受け止めていくということ**です。

自分のことや子どものこと、家族や仕事、いろんな人間関係……。私たちは刺激過多のなか、疲れを表には出さないだけで、心のなかでは常に葛藤したり、考えたりといつも忙しい状態です。

大きなストレスを感じるときもあれば、逃げたくなるときだってあるなか、育児というものを日々こなしているだけでも十分頑張っているのです。

とはいえ、やはり不安がぬぐえず、器用に立ち回れなくて力を抜くことが難しいと感じる方もいるでしょう。

気質との向き合い方については、第5章でも詳しく説明していますから、ぜひそちらも参考にしながら、自分自身の受け止め方を見つめてみてください。きっとあなたの力になれるはずです。

すべき思考で頑張りすぎてしまう

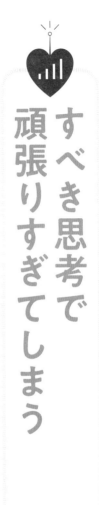

お野菜食べないと大きくならないよ!!
ほらっ
プイッ
やーだっ
もう9時なんだから寝なさい!!
もっとパパとあそびたい!!
最近 夫婦の時間もてなくてごめんね
はぁ〜…
子どものことで頭いっぱいで…
それってさ
せんちゃんのマイルールじゃない?!

母乳育児で育てる。市販に頼らずきちんと離乳食を作る。しつけをちゃんとしないと……。お片付けができるようにさせなきゃ！

このように思うことはＨＳＰに限らず、どんな親でも思うことかもしれません。大切な我が子には何が良いのか、何をしてあげたら良いのか。そう考えることは誰にでもあり得ます。

育児がうまく運ばないときというのは必ず訪れますし、なんなら、計画倒れに終わるくらい理想と現実は違った、という状況だってあるでしょう。

そんななか、ＨＳＰは自分がこうすべきと決めた「マイルール」から外れることを極端に嫌がったり、決めたことを成し遂げられずにいることを妥協と捉え、自分はきちんとできていないのでは……、と自己肯定感を下げる発想に繋げてしまいがちです。

これは気質の特徴でもある完璧主義で真面目なＨＳＰらしいことでもあるのですが、両極端な思考も兼ね備え、物事に対して０か１００かという捉え方になってしまうことが原因でもあります。

頭のなかではこだわる必要はない、ということをわかっていたとしても、どうしてもそれをやめられず、なんだか心地良さを感じることもできず、むずがゆさとモヤモヤ感が残ってしまいスッキリしない、こともあるでしょう。

「すべき思考」とうまく付き合うには、まず自分が「すべき思考になっている」という事実を受け止めることから始まります。

育児はいかに自分のこだわりを捨てることができるか？　自分の思うことを状況に応じてフレキシブルに対応できるか？　が大きく関係してくるものです。

世のなかの常識や自分自身の感覚で思う正しさや思い、希望とのはざまで頑張りすぎてしまうのは決してあなただけではありません。

親として子どものことを思うからこそ頑張ってしまうし、一生懸命にもなります。実はもう既に十分すぎるほど、頑張っているのかもしれません。

自分の容量を知ろう

自分の状態や心の許容範囲など、今の自分の容量を知っているかどうかということは、自分のことを好きでいられることや、自分の「すべき思考」を緩和するためにもとても大切な要素です。容量を知るということは、イコール自分の今の状態を知るということです。


そこで容量を知るうえで簡単な質問があります。

「自分は今、何がきつくて何が嫌？」

この質問を自分に問うのです。

親だから、この子の母親（父親）は自分しかいないから……と言い聞かせていても、本当は毎日の子どもの態度が理解できず、苦しみ疲れ果てているかもしれません。

もしかしたら、家族への日々のごはんや、子どもの離乳食づくりがほとほと嫌になっているかもしれません。

子どものためだと言い聞かせて、苦手だと思わないようにしているけれど、やっぱり親同士の付き合いがすごく嫌で疲れ果てていることも。

それを認めたからってどうにかなるわけじゃないし、しんどいと言ったって解決できるわけがない。そう思うこともあるでしょう。ですが、解決策を求めることは一旦脇において、**今の、等身大の、「あなたが感じていること」に気付くことはあなたの容量を知るために非常に大切なこと**です。

少し私の話をさせてください。

私は一人目が生まれたとき、自分の容量は本当に小さい器のようなものでした。（今も大きいとは言えませんが）。わかっていてもなかなか寝てくれない我が子にイライラし、泣き止まない我が子に大声で怒鳴ることもありました。そばにあるぬいぐるみに八つ当たりすることや、突然家出したい衝動にかられることもありました。

……まだ一歳とかなのに。わかるはずもないのに。もう声を荒げないと心がどうにかなっちゃいそうなくらいストレス過多でした。

それが二人目出産後、一人目のときにできなかったことが少し余裕を持ってできるようになりました。前より人ごみが怖くなくなったり、声を荒げずに冷静さを取り戻すのが上手になったのです。

とはいえ、今でも家出したい衝動なんてしょっちゅうですし、子どもを怒ると叱るの区別もできず、子どもよりも子どもみたいにむきになってしまうことがよくあります。全然良いお母さんじゃないときなんて頻繁にあります。

それでも、そのときの「自分は今、何がきつくて何が嫌？」と問うことで、感情が荒ぶることや、理想と現実のギャップで苦しむこと、ため込みすぎることは少なからず減ってきたことを実感しています。

容量を知ることは、自分を客観視できる絶好の機会でもあるのです。

キレたら怖い？

もう!!
早く食べなさい!!
パパ みてー
いいじゃん うけるーっ!!
ほら!! お手て洗うよ
いいじゃん そのまま帰ろう
お風呂長くない？ のぼせるでしょー…
バシャ バシャ
いいじゃん もう少しだけ…
ちょっと出かけてくる!!
バタンッ

HSPの特徴として、自分の限界値を超えた途端に感情のコントロールが効かなくなってしまい、怒りを抑制できない状態になってしまうことがあります。いわゆる「怒らせたらもう手が付けられない人」になってしまうのです。

抑制している時間が長く、ギリギリのところまで感情を抑え込んでしまうところがあるため、自分のなかでの限界ポイントが自分でもわからなくなり、突然キレてしまったり、感情が爆発して大泣きしてしまったり、なんてことが起こります。

それまで平常心を保っているかのように見せるのも、周りへの気遣いが上手なHSPだからであって、振り返ると本人のなかでは「そういえば前からきつかったのかも……」ということもあります。ですから、限界値を超えてしまうと、周りの人からすると大きな温度差として映りやすく、いきなりキレた人・読めない人・何を考えているのかわからない人・感情的な人、のようなイメージを抱かれてしまうことがあります。

それに加え、ＨＳＰは立ち直りにも時間がかかる傾向にあります。いつまでも起こってしまったことや自分がしてしまったことを悔やみ、相手を傷付けたのではないか？　自分の態度が相手に嫌な思いをさせてしまったのではないか？　と思い悩み、その感じ方が深いほど、自分まで傷付いてしまうのです。発露してしまった感情は仕方ない、と思うこともできず、相手や自分の行いをぐるぐると頭のなかで振り返ってはへこむ、を繰り返してしまいます。

私はそれをよく「一人反省会」と呼んでいるのですが、この一人反省会へ費やす時間が本当に長く、いつまでも自分のしてしまったことに対してクヨクヨしてしまうのです。

コラム　なんとかなる、と自分に暗示をかける方法

私は一冊目に書いた『ＨＳＰの教科書』でも、本書でもＨＳＰさんへアドバイスする立場ではありますが、そんな私でも不安になるときや、なんとかなるとは到底思えないことが多々あります。

ホルモンバランスが崩れているときは不安感も倍増しているため、自己コントロールができず苦しむことだってあるものです。

そんなとき私は、「『大丈夫、なんとかなるよ』って私に言ってほしい」と主人や友人にお願いして、このセリフを言ってもらうことがあります。自分以外の人の言葉で声に出して伝えてもらうことで、なんだか大丈夫な気がしてくるのです。

それでも無理なときは、大丈夫と励ましてくれる本を読んだり、とにかく脳内に大丈夫と思わせる状況を自らつくるようにしています。

人それぞれではありますが、私はこの方法で心が落ち着くのでよければ試してみてください。個人的にお勧めな方法です。

心配しすぎてしまう

○×△小学校
いってきます
いってらっしゃい!!
ついに小学生!! あの子大丈夫かしら
もん もん
お友達出来るかな? 先生やさしいかな? 思うこと言えるかな? 給食ちゃんと食べてるかな
もん もん
フギャー フギャー
ハイハイ
今日も夜泣きがすごいね
ただの夜泣きかな? どこか痛いのかな? お腹空いてるのかな?
ビェーッ
オロ オロ オロ オロ オロ オロ
それともお熱? ストレスとか? どうしちゃったんだろう

この気質から、ＨＳＰ気質を持つ親は心配性だったり、過干渉になってしまうことがあります。第2章のＨＳＰは用意周到、でも説明したように、それは危機管理能力の高さゆえに起こっていることでもあります。

またアンテナの感度が高く、細かな面や些細なことまで気付くことができるので、必要以上に子どもに関することにも反応してしまい、無自覚な部分で人一倍注意するのが多くなってしまったり、声かけが増えてしまったりするのです。

これはできるだけ子を守ろう、という意識が人一倍高くなってしまうがゆえのことなのですが、ときに過干渉になってしまいます。

本人としては、そんなつもりはなく、親として当然のことをしているつもりなのですが、それゆえに悩みや心配を自らで作り出し、必要以上に考え込んでしまうことがあるのです。

育児に向いているＨＳＰ

「育児に向いているＨＳＰ」と聞いて、「本当なの？」「えー、そうかなぁ」と思う人もいるかもしれませんが、ＨＳＰの提唱者であるアーロン博士もＨＳＰは育児に向いていると仰っています。

些細なことに気付けるということは、子どもの些細な変化にも気付ける洞察力があるということです。

子どもが何を求めているのか？　子どもが何を伝えたいのか？　それを理解することに長けているので、親としての能力は優れており、子どものことを考えた育て方が自然とできます。そのときに応じた解決策を見出すことができると言われているのです。

とはいえ刺激過多が続き、ストレスや疲れが蓄積されていくと、自分に対しての評価も下がっていき、どんどん自信もなくしてしまいがちなHSPですから、傍目にはきちんと育児に取り組んでいて頑張っているように見えても、「自分はちゃんと育児ができているのだろうか？」と自問自答し、ぐるぐると答えを見出せず、考えてしまうことが多いのも特徴の一つと言えます。それこそ、先ほどお伝えした一人反省会に近い感情の流れができあがっているのです。

また育児以外の面でも、普段から大なり小なり、どんなことでも掘り下げて考え、些細なことにも気付くことができますから、**親としての自分、妻（夫）としての自分、そして自分自身に対して、それぞれのポジションでの自分に対**

してのハードルを高く設定してしまうことがあります。

それだけでなく、こういう風にしたいというハードルをクリアしたあとでさえも、休む間もなく、さらに次の目標設定をして頑張るため、高いハードル設定に終止符を打つことがない状態がずっとずっと続きます。言ってみれば常に全力投球。自分で自分を追い込むことがとても上手なのです。

他にも、身近なパートナーや自身の親からの助言（周りからの声）、SNSやメディアによって、情報や影響を自分でも無意識のうちに知らず知らずにキャッチしてしまっていることもあります。

これは一見良い一面にも見受けられますが、自分自身のなかで思い描いている理想、設定したハードルのその先の自分のイメージになりきれていないと感じたときには、一気に自信喪失してしまい、自分への自信を失ってしまうことに繋がってしまいます。

完璧主義であるがゆえに落差に苦しみ、うつ症状が出てしまうこともあるので極めてリスクが高い考え方とも言えるのです。

完璧主義ではなく最善主義

完璧主義はその名の通り、完璧を求める考え方を持っている状態ですが、そもそも完璧の基準とはなんなのでしょう？

私たち人は十人十色です。育った環境や、接してきた人間関係、触れ合った価値観によって、考え方や正しさの基準は作られていきます。同じ日本人でも県民性が変われば、そこからも多種多様な物事の見方が出てきます。ですからAさんにとっては○○が最終目標でも、Bさんはその目標を掲げようとは思わない、ということは十分にあり得ますし、Cさんにとってのゴールは Dさんからすると通過点の一つに過ぎない、なんてこともあるわけです。

そうすると**完璧主義とは、自己満足だということにあなたは気付く**はずです。それに完璧主義ゆえにたどり着く目標やゴールは、実はその人それぞれにマイルールに沿って決まっているため、目指すべきゴールは千差万別です。

育児をしていると、自分の思いとは裏腹なことが起こる率はほぼ100％に近いです。大切な日に限って子どもが熱を出した、綺麗に片付けたとしても後ろからどんどん散らかしていく、食べてほしいものは食べてもらえない、こちらの意見なんて右から左に流されて全く届かない、そんなことは日常茶飯事です。

時間の経過も驚くほど速く、自分のことは二の次で家族や子どもたちのことを優先にしていたら、あっという間に時間も流れていきます。

そんななかで**自分のマイルールを達成することを目標にしてしまうと、それに対しての良し悪し以前に、あなた自身が身体を壊してしまったり、心のバランスを崩してしまいかねません。**

普段していることで、理想に対してどのくらい達成しているか評価を下したとき、50点にも満たないと感じていることでも、実は傍目から見ると90点に値するほどのことを行っているかもしれません。
もしあなたが頭ではわかっていても、自分はちゃんとできている気がしない、そう感じるのであれば、これを機に**「最善主義」**にしてみませんか？

最善主義にするとは具体的にこういうことです。

- **夕飯がお惣菜の日があってもいい。おいしく楽しく食べられたらＯＫ**
- **子どもの夜更かしがある日があってもいい。健康に育っているならＯＫ**
- **今日はとりあえず◯◯だけでもできたから良しとしよう**
- **やっていないこともたくさんあるけれど、明日その分頑張ろう**
- **今日子どもを自分本位にどなってしまった……。反省はたくさんして、明日からまた気持ちを新たに過ごせるようにしよう**

このように、どれもこれもすべてを完璧にこなすのではなく、自分の中で一つでもマルとなれることがあればそれで良し、とするのです。

コラム　不器用でごめんね

　ある日のこと。私はいつも以上に子どもたちの騒ぎ声や主人の行動言動に、敏感に反応しイラついていました。そんなときは普段以上にイラっとポイントが目につくもの。子どもたちは言うことを聞かないし、主人は相変わらずのマイペース。私の怒りは完全にピークを迎えます。

「いい加減にして！」

　大きな声で怒鳴り、勢い任せで家を飛び出してしまいました。それでしかもう自分を保てない状況だったんですよね。

　帰宅後、主人と話しをしてわかったことは、私は相当無理をしていたということ。そしてそれに全く気付いていなかったということでした。
　何がいけなかったという決定的なものはなく、すべてにおいて「決めたことをこなさなきゃ、○○しなきゃ」的な発想で、自分を追い込みすぎていたんです。あと主人への不満をためすぎました（笑）。
　不器用だなぁと思いつつ、結局またきっと家出するはず……！

サボっていい楽していい

頭ではわかっていても、実践が難しいと感じることもあるかもしれません。なぜならこれを書いている私自身が一番そう感じていましたし、なんなら今でも難しいと感じることなんて、しょっちゅうです。

親の気持ちやペースに反して、子どもは否応なしに成長していきますし、親としての立ち位置はずっと変わることはありません。ですから完璧主義と最善主義の違いがよくわからなく感じることは、この先もたくさん訪れるのは確実です。

ただ一つ。最善主義のすごいところは完璧主義のときとは比べ物にならないほど、心の負担が軽くなるということです。

何が最終ゴール？

ここでわかりやすく、とある例をあげながらお話ししたいと思います。例えば、あなたがおいしいカレーライスを食べたい、とします。そのカレーライスをおいしく作るために、あなたは何をするでしょうか？

方法は人によって様々かと思います。ある人はおいしいと言われているお店に行くかもしれませんし、ある人はスパイスからこだわった本格カレーを作るかもしれません。カレー作りの際になかにいれる具材にこだわる人もいるかもしれませんし、なかには、レトルトカレーをアレンジする人もいれば、アレンジも何もせず、そのままの市販のカレーで大満足！　という人もいるでしょう。

何が言いたいかわかりますでしょうか？
今お伝えした方法はさておき、この人たちすべてに共通することは「おいしいカレーを食べる」ということです。そう。おいしいカレーを食べることができるのなら、方法や過程に正解もなければ間違いもないのです。育児とカレーライスを例えるのは違うのかもしれませんが、意味合いとしては同じです。

過程はどうであれ、子どもの幸せを願わない人はいません。その子どもの幸せのために、お世話やしつけ、学びや教えというスパイスをふりそそいでいます。育児、と言葉一つ切り取ってみても、それは子どもの個性に応じて様々ですし、私たちも子どもの年齢とともに育児年数を重ねていくわけです。わからないことがあるのは当然のことです。

できていない自分を必要以上に責めて笑顔でいることが減ったり、自己肯定感を下げるよりも、笑顔を取り戻す最善主義を取り入れてみませんか？

典型的なＨＳＰの特徴でもある完璧主義の一面を持っている私。独身の頃は仕事をバリバリこなし、好きなことを率先してきたからこそ、育児は我慢、苦痛そのものでした。そしていつしか、育児は「思い通りにいかない＝完璧主義は通用しない」ということを、身をもって知ったのです。

当初は、それでも自分が決めたことをやり遂げたい一心から、色々とトライしていたのですが、あるとき気付いてしまったんです。自分のルールをこなすことばかりに気を取られ、日常を全然楽しんでいなかったことに。今思えば毎日変な疲労感ばかりを募らせていたなと思います。

それからというもの、手を抜くことを頑張ることにしました。

日本語がおかしいですが、その方法でしか今までのルールを変えることはできないと感じたんです。それから数年が経ち現在。多少思った通りにことが進まなかったとしても、放置したり、あとでやろうと思える強さを持てるようになってきていますよ。

第4章

HSPをパートナーや家族に持つ人に知っていてほしいこと

ＨＳＰに限らないのですが、子育てをしていくなかで家族やパートナー、身近にいる人にこの気質を理解してもらえるというのは非常に心の支えになり、何より理解者がいるということだけでも、日々の活力になることがたくさんあります。

ここではＨＳＰという気質を持ちながら育児をしていくなかで、必要なこと、求めていることをお伝えしていきます。ＨＳＰ当事者として相手に伝えるということが苦手な人もなかにはいらっしゃるでしょうし、パートナーがＨＳＰ気質を持っているようだが理解したいものの方法がわからないという方もいらっしゃるでしょう。

また、当事者自身が自分自身においても客観視するきっかけとなれるかもしれません。

ＨＳＰという気質と仲良くできるようになると、抱える大変さや辛さも緩和できるようになります。さらに自分を好きになれるきっかけにもなることでしょう。そんな自分の気質と向き合うことで、お子さんに対しての対応も変わるかもしれません。

この章が少しでもヒントになれたら幸いです。

こうされると嬉しいＨＳＰ

ＨＳＰに対して、「接することが難しい人」「気を遣わなきゃいけない人」「言葉を選ばないといけないので正直大変」、このような感想をお持ちの方も少なくないと思います。

ＨＳＰのその面が気遣いであったり、良い一面であるというのが頭でわかっていても、神経質にしか見えない、と感じる人もいるでしょう。

実は私たちＨＳＰはその言葉をもらうことうんぬんではなく、その言葉の背景にある

(!) 自分の考え方は間違っているとジャッジされている気がする
(!) 自分の感覚を否定されたような気がする
(!) 自分は自分でいてはダメだと思われているような気がする

という心の動きがあるため、悲しい気持ちになっているのです。特に表情や態度、声のトーンや仕草。そんな一つ一つに対しても気付ける能力があるHSPですから、相手がその気がなかったとしても、言動とその人の態度などを結び付けて捉えてしまうのです。

じゃあどうすればいいのか？　という質問が湧いてきそうですが、それは実は些細な、そして実にシンプルなことなのです。

思っていることは伝えてほしい

ここでわかりやすく、例にあげてお伝えしますね。
まず次の絵を見てください。

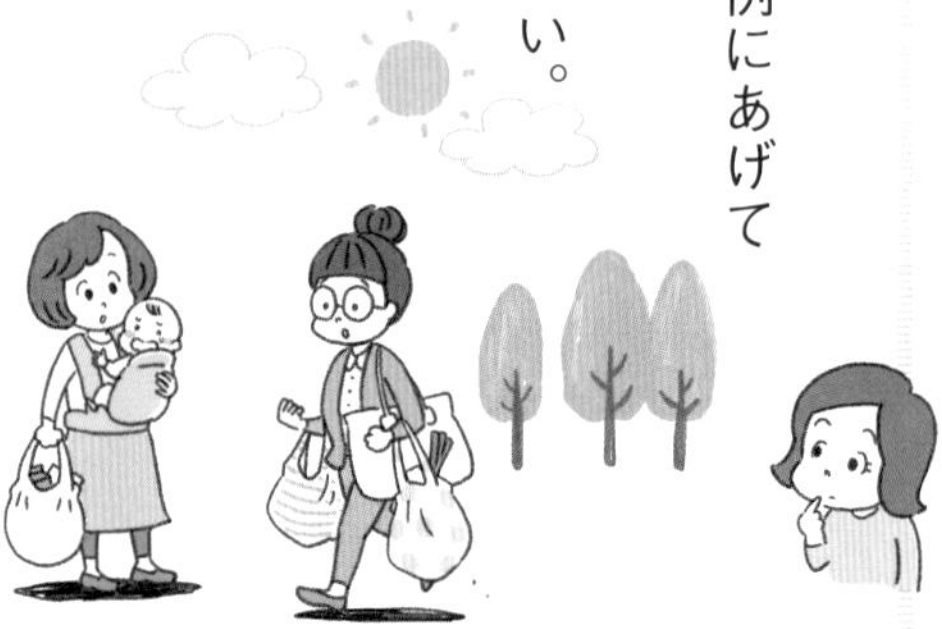

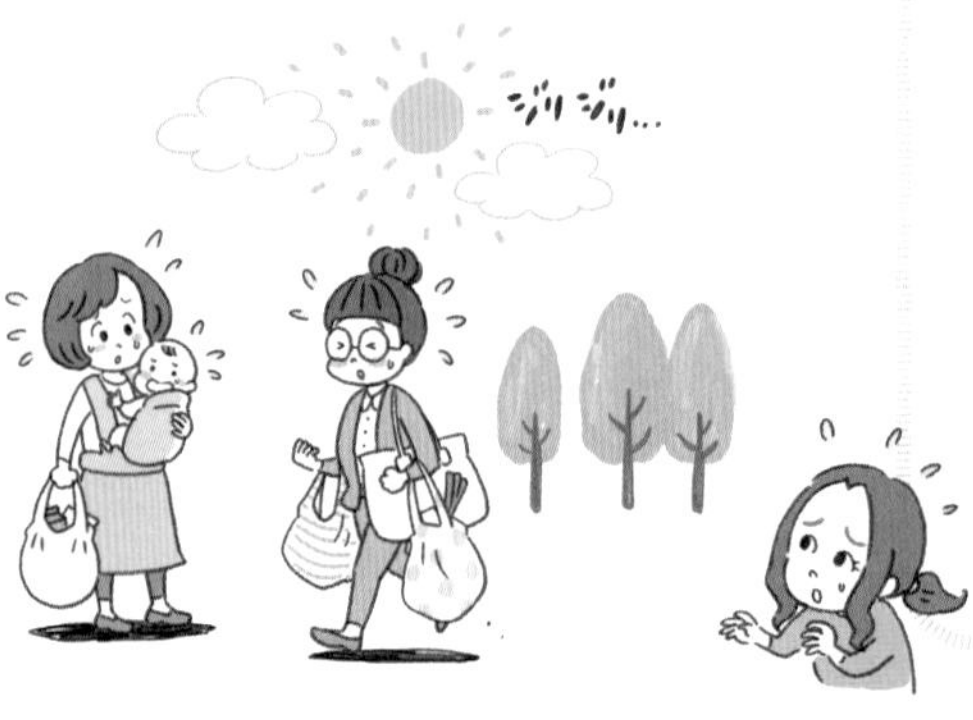

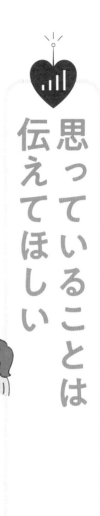

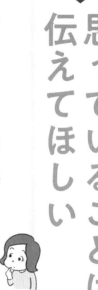

この絵を見て、あなたは自分以外の人にこの絵を見た感想をどう伝えますか？　そしてその感じ方を誰かに説明する形になった場合、どのようにお伝えするでしょうか？

ＨＳＰとＨＳＰでない人が受け手の立場になったとき、このように言われると理解しやすい情報がこんな感じです。

＊ＨＳＰでない人

- 女性が二人いる。一人は赤ちゃんを抱っこしている。二人とも荷物を持っている
- 赤ちゃんが泣いている
- 良い天気

＊HSPの人

- 女性が二人いる。一人の人は赤ちゃんを抱っこしていてあやすのに大変そう
- 赤ちゃんが泣いている。おなかがすいたのかな？　おむつかな？
- 良い天気で太陽も照っていて暑そう
- 持っている荷物が重たそう。スーパーの帰りか何かかな？

この例えはあくまで絵ですから、実際この絵を見ただけでここまで捉えないHSPもいるかもしれません。ですが私たちHSPは実際の人間関係を構築するうえでこのような情報量なのは日常茶飯事です。起こっている状況だけでなく、その先の感情の揺れ動きまで捉えているのです。そう、HSPにとってこの状態は何も珍しいことではなく、これだけの情報があふれ、いろんなことを

感じ取っているのです。

ですから、第3章の「気遣い抜群　でも人一倍人疲れしやすいHSP」でも書いたように、パートナーが疲れているように見えるとき、「別に大丈夫だよ」と言われるよりも「今日は仕事がバタバタしていて疲れている」と、いつも以上に情報提供してくれるだけで安心するのです。

本当に些細なことでも構いません。**会話のなかで少しだけでも情報を増やして話をしてもらえると、逆にこの気質の良さである気遣いや相手を配慮する優しさが増し、HSPの良いところが全面的に出ます。**

話をよく聞いてあげる

声かけ以外にも話を聞いてもらうことで心が安定するのは、気質に関係なくどんな人でもあり得ることですが、とにかくＨＳＰには非常に大きな喜びであり、安心材料となります。

しかし不器用なＨＳＰですから、うまく説明しようとすると遠回りになってしまい、なかなか本質の部分にたどり着くことができなくなってしまったり、何が言いたいかまとまらなくなってしまったり、むしろ逆にシンプルに言いすぎて言葉足らずになってしまったりと、極端な話し方になってしまうことがあります。

上手に話そう、わかりやすく話そうと思えば思うほど、空回りして、説明下手になってしまい、結果として自分に嫌気が差してしまいへこんでしまうという人も少なくありません。

ですからＨＳＰの話は、結論を急がせることなく、根気強くよく聞いてあげてほしいのです。たとえ何が言いたいのか、うまく理解してあげることができなかったとしても、理解しようときちんと耳を傾けているその姿勢が嬉しく感じ、それだけでも安心材料の一つとなります。

話を理解したいというその態度そのものが、ＨＳＰにとって何より嬉しく感じられるのです。

一人時間、自分時間の大切さ

この気質にとって、自分だけの時間というのは非常に大切です。ここで言う自分だけの時間というのは、「その空間のなかに自分しかいないこと」だったり、「誰にも邪魔されずに自分のペースで過ごせる状態での時間の過ごし方」が必須条件です。

加えて、テレビの音声や話し声、生活音なども一切シャットダウンできていて、かつ空間のなかに自分だけが存在している状態だと、より快適だと感じる人が多いです。

もちろん、誰かとのおしゃべりなどで充実できることもあります。ですが今お伝えしたような時間は、ＨＳＰにとって至福の時間であることは間違いありません。

だからといって、じゃぁ一人でお出かけしてきていいよ、ゆっくりしておいで、と見送られたとしても、ありがとう♪　じゃあゆっくりさせてもらうわね♪なんて、すぐ返事ができるほど、単純なものではありません。

預かってもらうということは、普段自分がしていることを的確に相手に伝えられるよう、引き継がなければならないということ。

ただでさえ普段からやることも多く、言葉に置き換えて伝えることすら荷が重いと感じるなか、可能な限り相手にわかりやすく、負担の少ないように伝えるということだけでも重労働です。

極め付けに私たちはＨＳＰです。相手を考慮したい、子どもたちにできるだけの快適空間を作ってあげたい気持ちは人一倍ですから、その環境作りだけでも十分気を遣いますし疲れます。

こう言うと、「相手を頼ってない」だとか「任せきれていない」と感じて、憤りを感じたり、悲しくなる人もいるようですが、決してそういうことではなく、可能な限り快適に過ごしてほしいし、自分が普段していることに近い環境を提供をしたいという親心がそのようにさせているのです。

しかも家事育児というのは、「名前のないこと」がものすごくあります。食事の準備一つでも単純ではありません。

❗冷蔵庫の中身からメニューを考える（必要なら買い出しにいく）

- 子どもの好き嫌いや栄養面も考慮する
- どれくらいの工程で作れるかのタイムスケジュールをする
- 食費も考慮する
- 料理する
- 料理をしたあとの片付け

食事の準備という工程一つにしても、これだけの項目が隠れています。これは他の家事育児にも共通することで、それこそ書き切れないほどです。

親というのは、そんな隠れた名前のないことを、何も言わずしてこなしています。しかも、それをこなすのが当たり前だと思われがちですから、状況とメンタルコンディションによってはイライラもたまりやすく、ストレス過多にさらされることばかりです。

ですから一人時間を取るとしても、それだけの隠れた仕事をこなしていることと、預けるといっても、その準備も大変なこと、そしてＨＳＰという気質を兼ね備えているからこそ、割り切って一人時間を過ごせるほど器用ではないことを、ぜひ知っていてほしいなと思います。

コラム 母と私

母と私は、仲は良いものの昔から色々と真逆なタイプ。

母はどちらかというとからっとしていて、細かいことは気に留めず流せる。いわゆる一般的には「やりやすい人・付き合いやすい人」。だからこそ友達も多く、いろんなタイプの人とも付き合える人です。


私はというと、必要以上に言葉選びは慎重だし、一つ一つを掘り下げて考えるため、人間関係でも悩むことが多いほうでした。そのため、母の発言や行動で悪気がないことも、発言に深い意味はないことも頭では理解していたものの、幼少期から母の一つ一つの言動に一喜一憂していた私。

今はたくさんの変化のなかで、自分の立て直し方を習得でき、自分を好きにもなれ、母のことも受け入れられたのですが、それは「母はこういう人なんだ」と諦めたからだと思っています。「親なのになんでわかってくれないの？　わかってほしい！」、そんな気持ちを捨てきれなかったんですよね。

それに、諦めると受け入れるって同じ意味だったりします。勿論今でも、合わないなぁ……と感じることもありますがそれも仕方ない。と受け入れるようにしている日々です。

頑張れと言わないでほしい

ＨＳＰは「まだできるかもしれない」「もっともっと」と自分のハードルをさらに高めていく傾向にあるため、頑張れと言われてしまうと、自分ではまだまだ足りないと思いつつも、実はもう十分に頑張っているだけに、その言葉がとても辛いものに感じてしまうことがあります。

それほど繊細なのか、とＨＳＰでない人には言われてしまいそうですが、本人としてはいたってそんなつもりはありませんし、それこそ相手基準で繊細だと決め付けられている気分になってしまうこともあります。

特に育児と隣り合わせで日々を過ごしているＨＳＰには、自分のことや家族のこと、そして子どものことや日々の人間関係など、十分すぎるほど刺激過多のなか、自分なりにどうにか工夫しながら過ごしている方ばかりです。

頑張れという言葉はＨＳＰにとって何気ない言葉ではなく、ときとしてとて

も大きな意味を持つ言葉となります。頑張れという言葉ではなくても励ますワードはたくさんあります。

❗話を聞いてあげる

❗十分頑張っていることを認めてあげる

! 一緒に頑張ろう、と一人ではないことを伝えてみる

「頑張れ」という言葉をあえて使わず、態度で示すことも一つの手です。

比べられることが辛い

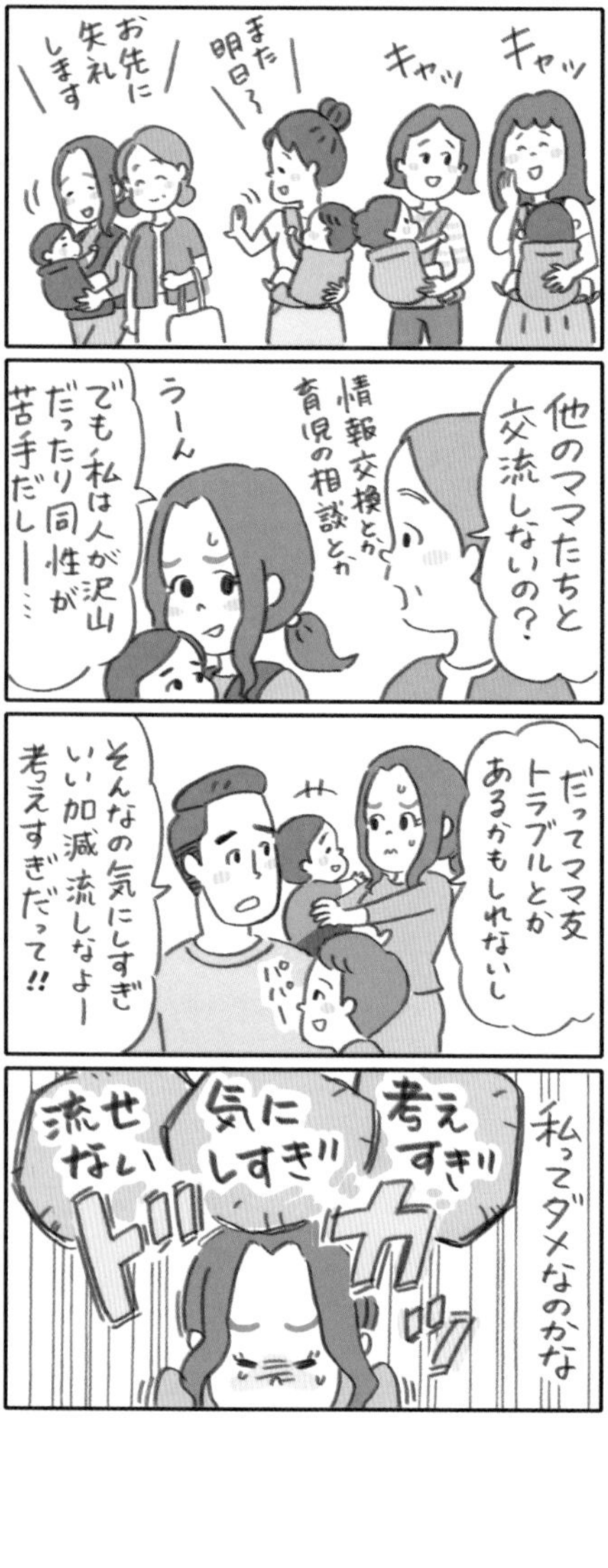

キャッ
キャッ
また明日〜
お先に失礼します
他のママたちと交流しないの？
情報交換とか育児の相談とか
うーん
でも私は人が沢山だったり同性が苦手だしー…
だってママ友トラブルとかあるかもしれないし
パパー
そんなの気にしすぎ
いい加減流しなよー
考えすぎだって!!
私ってダメなのかな
考えすぎ!!
気にしすぎ!!
流せない
ドカッ

ＨＳＰは幼少期から自分の敏感な面や、人一倍感受性が強い面、あらゆることを深く捉えてしまう面など、多方面において自分と他人を比較してきたため、誰かと比べられて判断されることをとても嫌がる傾向にあります。

ＨＳＰでない人でも、誰かと比べられるのは好きじゃないと思いますが、この気質にとっては嫌を超えて、傷付いたり、自信を大きく失ってしまいかねないことだったりするのです。

＊ＨＳＰが傷付く言葉

- **なんでそこまで考えるの？**
- **気にしすぎじゃない？**
- **神経質**
- **考えたって仕方ない**

● 流せないの？

このような、その人の繊細さや敏感さを特別視したり、過剰反応するような言葉だけは気を付けて頂きたいと思います。このような言葉を投げかけられることで、心を開くどころか、どんどん心を閉ざす一方になりますから、ぜひ覚えていて頂きたいです。

＊このような声かけがお勧め

- そのように考えることがあるんだね
- そうなんだ（ただ受け止める）
- 細やかな一面があるんだね

● そういう考え方もあるね
● 受け止めてしまうことがあるんだね

言葉選びが難しい、と感じる人もいるかもしれませんが、少しでも理解して頂くだけで、感受性が豊かなＨＳＰとしては、嬉しさも人一倍で安心感を得ることができます。それほど繊細、という捉え方ではなく、色々なことを抱えやすいだとか、情報を人一倍キャッチしやすい、のような捉え方で接して頂きたいのです。

私には大人になってからできた大好きな友人がいます。その友人といると、自分のままでいられるというか、本当に居心地が良く安心できる。何より、私という人間を好きでいてくれることが肌で伝わるほど。

今でこそこんな私ですが、十代二十代の頃は自分の気質をなかなか受け入れることができず、常に「このままじゃダメだ、強くならなければ」と思っていたせいもあるのか、なかなか相手に恵まれることはありませんでした。でもそれは、相手がダメだったからではなく、私が自分を受け入れていなかった結果。彼女との出会いは私が自分の気質を愛せるようになったからなんですね。

やはりなんでも軸は自分。まずは自分のことを愛してあげることで、自然と話し相手も引き寄せているのかもしれないと感じています。

第5章
HSPとうまく付き合うためには

ＨＳＰという気質について、そしてＨＳＰという気質を持ちながら育児を行うことについて、様々な気付きがあったと思います。この章では、そんな気質をプラスに捉え、日々を楽しく過ごすための工夫をお伝えします。

「ＨＳＰって不便だ、面倒だ」ではなく、この気質の良い面を見つめることで、自分のことをより好きになれたり、気質をうまく取り入れながら日々を楽しむことができるようになります。

ＨＳＰと言えども、私たちはＨＳＰである前にそれぞれの個性があり、それぞれの良さがあります。その個性を活かせるよう、この気質との付き合い方のヒントを得て、それを日常に取り入れて過ごしてみてください。

自然に触れる

HSPは自然に触れることで、深くリラックスすると言われています。ですから自然に関連することを生活のなかに取り入れることで気持ちが落ち着いたり、リフレッシュに繋がることがあります。

! お散歩をする

- ❗水辺に行く（海やビーチ、川や公園の噴水など）
- ❗水にふれる
（お風呂につかる、シャワーを浴びる、足湯につかる）
- ❗緑にふれる（木々がある場所、観葉植物など）
- ❗お花を飾る、生ける、育てる
- ❗自然の音にまつわるＢＧＭを聴く

これらを生活に取り入れることは非常にお勧めです。子どもとのお散歩の延長上に取り入れてみるのでもいいですし、家のなかにお花を飾ることもいいでしょう。家族でお出かけする場所の延長に、自然というキーワードを組み込んで出かけるのもいいかもしれません。

コラム　眠れないときの私のちょっとした工夫

眠ったほうが良いのは百も承知。けど眠れない。または眠っていられない。そんなときってありませんか？　私はもともと昼寝や仮眠が苦手なほうで、この時間だけ眠ろうなんて器用なことができず、それよりも起きている時間を有効に使いたい！と考えるほう。子どもの睡眠に振り回されなくなってからも、普段できないことをその時間にしよう！　そんな思いから結局睡眠を二の次にしていました。

そんな私が工夫した方法が「眠らなくても目をつぶってみること」「とりあえず横になってみること」の二つ。これをするようになってから、眠れなくても疲れが取れていくのを実感できましたし、何より寝ることに抵抗があった私が、この方法のおかげで五分や十分の睡眠確保までできるようになったんです（寝かしつけからの寝落ちに関しては別……あれはむしろ熟睡しすぎです（笑））。

もし同じような方がいたらぜひ試してみてください。

掃除をする

日々育児に追われているのに、掃除？　と思う方もいるでしょう。ただでさえ育児と日々のことでバタバタなのに、そんな難易度高いことを……と思う方もいらっしゃるかもしれません。

ですが、**これは気質の特性とうまく絡めたとても良い方法**の一つです。

日々いろんなことを考えて、頭のなかが忙しくなりがちなHSPは、第2章でもお伝えしましたが、日々の慌ただしい生活のなかで、優先順位を決めることに混乱してしまい、何から取りかかれば良いのか、何に重きを置くべきか、どうしたら良いのかがわからず、時間だけが過ぎていってしまう、そんなことがあります。

それに加えて、仕事に家事、育児まで負担がかかってくるとなると、常に頭のなかでは情報過多、刺激過多で疲労はピーク。疲れ切っている状態がたまにある、ではなく慢性疲労。まずは睡眠を！　と身体を休めることだけで精一杯な方もいるのです。

そんなときは、一か所だけでいいので、自分のこだわりポイントを見つけて掃除をしてみましょう。

例えば、

❕ダイニングテーブルだけでもモノがない状態をキープする

❕水回り（キッチン）だけでも綺麗にしておく

❗ 玄関は常にお掃除をしておく

❗ バッグのなかは無駄なモノがないよう常にチェックする

このように。

自分だけのこだわりで、かつ一か所で構わないので綺麗に保つ工夫をしてみるのです。

普段過ごしている環境の状態は、その人自身の心の状態を表していると言われています。心に余裕がない、落ち込む日が続いている、そんなときには掃除にまで手が回らず、散らかったままになりがちです。ましてや育児中です。掃除までできない、時間がないと感じる方は少なくないかと思います。いえ、むしろ大半がそうでしょう。

特に小さい子どもがいると、片付けているそばからおもちゃをひっくり返し、ごはんやおやつもぽろぽろこぼし、しまいにはジュースまでこぼす始末。掃除しているのがバカバカしくなるような気持ちになってくることだってあります。

ですがそんなときだからこそ、たくさんではなく一か所だけでもこだわったところを綺麗にしてみてほしいのです。そのこだわりポイントが日々変わってもいいのです。昨日はキッチンだったけど、今日はバッグのなかを綺麗に。そんな風に変化をしつつも、「一か所」綺麗にしてみるという姿勢はキープして。

完璧主義ゆえに自信をなくしがちなこの気質ですが、何かを一つでもやり遂げることは自分への自信にも繋がりますし、脳内での情報整理としても非常に有効です。1か所だけでも綺麗にするということを毎日の生活のなかに取り入れることで、それが達成感に繋がり、自信が少しずつ伴っていく感覚を体感できるはずです。これも第3章で話した、最善主義の一つと言えます。

もし余裕が出てきたら、範囲を広げたり、箇所を増やしたり、やろうやろうと思っていたけれど、見ないフリして放置していたところを掃除してみるのもお勧めです。掃除を通して心がクリアに、頭もスッキリと情報の断捨離ができている感覚を感じられるはずです。

嗅覚と触覚をみたす

気質の特徴として五感の鋭さがあげられますが、育児をしているとその五感はフル回転な状態が多く、それだけでも刺激過多で疲れやすいと言えます。子どもと一緒に行動していると、子どもの行動を把握しないといけませんから、視覚は常に広範囲で見ている状態ですし、聴覚も子どもとの会話、危険な出来事から身を守るためにフル回転です。そんなときには、ぜひ嗅覚をみたすことでリラックス効果を得てみてほしいのです。

アロマキャンドルをたいてみる

!アロマディフューザーに好きなアロマを垂らす

!ハンカチやマスクに好きなアロマを数滴垂らし、外出時にそのハンカチを使いリラックス効果を得る

!お気に入りのタオルを持ち歩く

!着心地の良い服を着る

五感が鋭いHSPの鋭さをあえて活かした工夫をしてみるのです。

育児をしていると、家族でのお出かけ場所として、人ごみや遊び場に行く機会は多いと思います。また子どもの習い事や病院、学校など。そういった場所の空気感、他の人の柔軟剤のにおいや、パーソナルスペースの狭さゆえの圧迫感で気分が悪くなったことはありませんか。

だとしても、その場から一人だけ抜けることもできずに、息苦しさや気分の悪さと戦って神経をすり減らしてしまう方もいると思います。

そんなときににおいと肌触りの効用を取り入れることで、ほんの少しでもリラックスできる状態を作るのです。ほんの少しでもホッとできるものがあるだけで、それがお守り替わりにもなりますし、安心材料にも繋がるはずです。

睡眠をとる

眠れない、もしくは睡眠時間が足りていない状態は心身に大きな影響を与えます。

判断能力が低下し、決断が難しくて悩む時間が増えたり、なかなか答えが出しづらかったりと、情緒も不安定になります。人によってはイライラが募る場合もあれば、悲しさや辛さを増幅させてしまう場合もあるでしょう。

とはいえ、育児をしているとまずは子どものことや家族のことが最優先で、自分のタイミングで眠ることは難しいかもしれません。また、頑張り屋さんな

HSPは、これとあれを終えてからでないと眠れない、と自分にミッションを与え、睡眠を二の次にしてしまうこともあります。

特に赤ちゃんを育てている方ですと、自分の意思と反して数時間置きに起こされますし、睡眠不足が日常の一つになってしまいますから、睡眠の確保など無理と言えば無理に等しいのかもしれません。

ですが本当に少しの時間、五分でも十分でも眠ることを意識したり、睡眠確保をできる限り優先順位の上位に置くことで、気質の特徴をやわらげることができます。たかが睡眠、されど睡眠です。起きたときには頭も心もスッキリし、笑顔も増えるはずです。

自分をほめる

手抜き料理だけどごはん作った!!
ワンプレートだから洗い物が少なくなる
冷凍やさい
作りおきハンバーグ
子ども大スキのりたまごはん
みかん
苦手な人間関係どうにか乗り切った!!
ということで
2人の意見を取入れた案で企画します
混雑しているスーパーどうにか乗り切った!!
シュパパパパッ
今日の私よくやった!!
ZZZ

自分で自分のことをほめることは苦手な人もいるでしょう。なんだか気恥ずかしいと感じたり、自意識過剰のようで抵抗がある人もいるかもしれません。そんなほめられるようなことはしていない、そう思う人もいるでしょう。

ほめる、ということは人にとても良い影響を与えます。脳内にも変化が出ると言われており、ほめられることで、精神を安定させると言われているセロトニンや脳内にやる気を活性化させるドーパミンが分泌されるとも言われています。**ほめ言葉は私たちに素敵な効用を与えてくれる**のです。

ですから小さなこと、些細なことで全然構いませんので、自分をほめてみてください。

！今日は疲れているけれど頑張ってごはんを作った

(!)子どもを怒ってしまったけれど、子どもに謝ることができた
(!)仕事で疲れているけれど、家事をやろうとしている自分ってえらい
(!)昨日よりイライラせずにすんだ
(!)苦手な人間関係もどうにかこなした
(!)人ごみで疲れたけど、よく乗り切った

例のように、本当に日常生活の延長にあることで構いません。とにかく単純なことから自画自賛してみてください。

さらに、この自分ほめ効果のすごいところは、自分を好きになれる自己肯定感も高められる点です。言葉に出すのが恥ずかしいと感じるのなら、一日の終わりに「自分のほめポイント」を、ノートや手帳に箇条書きで書いていくこともお勧めの方法の一つです。

書くことで後から見返すことができますし、また見返したときに、今まで書きためた自分ほめ項目を視覚を通して確認ができるので、実は日々すごく頑張っていたんだ、と実感することができます。それは自分へのねぎらいにも繋がるため、癒し効果をも得ることができるのです。

育児は千差万別

ＨＳＰへの理解を深めていくと、この気質を知らなかった頃と比べて知識も豊富になり、自分自身への理解を深めていくことが楽しくなってきます。今まで色々悩んできたけれど、自分がダメとかではなく、気質からくることだったのか、と胸をなでおろす方もいるのではないでしょうか。

それでも、真面目さがあるＨＳＰの人のなかにはこのように感じる人が出てきます。

(!)同じHSPでも楽しく過ごせている人や育児もうまくこなせている人もいるのに、私ってなぜできないのだろう…

(!)頭ではわかっていても、やっぱり難しいし、育児はそんな簡単なものじゃない

HSPを持つ親について、たくさんのことをお伝えしてきましたが、考え方も価値観も人それぞれです。それは育児に関しても言えることで、考え方に正解も不正解もありません。答えがないのが答え、というものほど、取り組むのが難しいものです。それだけに自信を持つということは、子どもを育てていくうえでは容易ではありません。

日々、刺激過多のなかで育児をしているHSPにとっては、気持ちを整理して保てない時間も多いため、辛く感じてしまうときだってあるでしょう。

加えて、ときに自信をなくし、進むべき道がわからなくなってしまうことだってあります。Aさんにとって正しいことがBさんにとっては間違っていることもありますし、◯◯くんと◯◯ちゃんで接し方を変えたほうが良い場合もあるため、何をどうしたら良いのか迷ってしまい、心が疲弊してしまうこともあるでしょう。

それほど育児というものは、一言で説明できるものではないものです。

だからこそ**自分の育児に自信が持てないときがあるのは当然**なことです。日々これで良いのかどうかを考え、感じながら、親としての年数を重ねていくしかないのかもしれません。

自分の感覚を大切にしよう

育児を語れるほど、私も経験を積んではいませんが、ＨＳＰという気質を通して様々な方のお話を聞き、この気質の方と寄り添ってきたなかで思うのは、**「自分自身が思うことや感じること、感覚に間違いはない」ということ**です。

もしかすると、あなたのスタンスは誰かにとっては間違いかもしれません。ですが、間違っているかどうかよりも、あなた自身が「しっくりくる」と感じるのであれば、それがベストではないでしょうか。

自分なりの息抜き方法を見つけよう

子どもが小さければ小さいほど、また子どもの人数が増えれば増えるほど、必然的に自分の時間を確保するのが難しくなります。隙間時間をいかに上手に使うか、どうやって自分の時間を確保するかを考えることも大変ですが、それに加えて、育児は予想外のことが起こります。予定はあくまで予定でしかなく、子どもに振り回されることもあります。それゆえにときに育児に拘束されているように感じる人もいることでしょう。

ただでさえ神経が高ぶりやすいこの気質で、育児をするということは、本当に大変です。子どもが小さいときには小さい頃なりの出来事や悩みや大変さがあり、大きくなったらなったで、その子の成長していく過程によって内容も変わっていきます。

勿論、辛いことばかりではなく、嬉しいこと、喜ばしいこともありますし、そばにいる子どもの成長を感じたときに湧き上がる喜びもひとしおですが、その反面、抱える葛藤や苦労、辛さは、その家庭によって異なるものの、言葉には言い表せないしんどさもあるでしょう。

何度もお伝えしていますが、親という立場だとしても、私たちはその前に一人の人間です。親でもない、妻（夫）でもない、「自分」を感じることのできる時間というのはＨＳＰにとっては特に大切な時間です。

とはいえ、子どもを預けて自分の時間を取ることに抵抗を感じる人や、一人時間を取るなんてわがままを言っているような気持ちになり、素直に心から休むなんて難しい人も多くいらっしゃいます。

ですから、息抜き方法はコレです、と決定的な方法を確定して伝えることは、正直に申し上げますと無理に等しいと言えます。育児に対する方針や考え方も人それぞれですから、私が断定してお伝えするのも違うと思っています。

だからこそ、育児と向き合うなかでぜひ、ご自身の環境や状況に合わせた「自分なりの息抜き方法」「自分なりの自分時間の取り方」を見つけることが非常に大切になってきます。

育児が人それぞれということは、その人に合う自分だけの時間というのも違って当然なのです。休みの取り方や好きな休み方に対して、**型にはめることなく、本当に心地良いと感じ取れる方法を、子どもの成長や環境の変化と共に、自身でクリエイトしていきながら育児をしていくことが何よりの得策**と言えるのかもしれません。

おわりに

本書をお読みくださりありがとうございました。

この気質を持ちながら育児をするという経験を通して、子育てには嬉しさだけでなく難しさや辛さ、大変さがたくさんあるということを身を持って体験してきました。

いつしか、この経験を本を通して伝えたいという気持ちが芽生え、たくさんの方のお力添えを得て、本書はできあがりました。

とはいえ、本を書き上げた後も、当たり前ですが育児が終わることはなく……。日々育児を通して自分を見つめさせられたり、子どもとの関係や、親としての在り方に自問自答しています。

コンディションが良くない日になると、私が皆様に伝えていいものか？　そんなことを考えるときもありました（掘り下げて捉えているあたりがＨＳＰだなぁと思いながら……）。

だからこそ、本書を読んでくださる方には、
とにかく親であるあなた自身が、あなたらしくいていい。
親としてのあなた以上に、あなたそのものを大切にしてほしい。
そう強く思っています。

ＨＳＰとはいえ、一人一人性格も違えば環境も違います。
専業主婦の方、仕事もしながら日々過ごされてる方にシングルの方。パートナーの家族と折り合いをつけながら過ごされている方や、知らない土地・慣れない土地で過ごされている方。介護をしている方もいれば、同居している方も

いらっしゃるでしょう。
いろんな人がいていろんな違いがあります。

その人それぞれに大変さがあり、喜びがあり生活がある。
完璧じゃなくていい。
ダメなときがあってもいい。
いつもニコニコしてなくても、泣きたいときがあってもいい。
どんな自分でもいい。

そんな気持ちの延長に育児があっていいと思うんです。

この一冊を通して、気質との向き合い方や、少しでも楽しく過ごすための育児のヒントを得ていただけたら嬉しいなと思います。

親は、その子にとってはオンリーワンです。

それを知っている私たちは、ときに大きな責任や重圧、まるで自分一人きりのような孤独感を感じることだってあります。


でも大丈夫。

私たちは一人じゃありません。

私が本書で綴ったことを、同じように感じ、同じ想いをしている仲間がいます。

楽しいばかりじゃないし、きついときや逃げたいときもあるけれど、この本をヒントにハッピーの種を見つけて、育てていただけたら嬉しいです。


心を込めて。

上戸えりな

上戸えりな（かみと・えりな）
1986年沖縄生まれの沖縄育ち
那覇国際高校から関西国際大学心理学部卒業。三児の母
2019年『HSPの教科書』（弊社刊）で著者デビュー。無名かつ初出版にもかかわらず、発行部数１万部を超えるロングセラーに
第一子妊娠中にHSPに出会う。HSPとの出会いのおかげで、更に自分を好きになれたことから、長年触れ合ってきた心理学の知識に加え、HSP気質に関する知識と、当事者だからこその経験・対処法を発信しはじめる。
「HSP＝生きづらさ」ではなく、気質に囚われず、その人自身が日々を充実させられるような生き方を伝えている

本書のご注文、内容に関するお問い合わせは
Clover 出版あてにお願い申し上げます。

HSPの教科書
HSPさんがママになりまして….。

初版１刷発行 ● 2021年６月18日

著者
上戸《かみと》 えりな

発行者
小田 実紀

発行所
株式会社Clover出版
〒101-0051 東京都千代田区神田神保町3丁目27番地8 三輪ビル5階
Tel.03(6910)0605 Fax.03(6910)0606 http://cloverpub.jp

印刷所
日経印刷株式会社

ISBN978-4-86734-023-3 C0011

装丁／冨澤 崇（EBranch） 編集／小田実紀 校正協力／あきやま貴子・新名哲明
イラスト／ふくはらさなえ 制作／システムタンク（安田浩也・白石知美）